DIREITOS
DAS
PESSOAS
COM
DEFICIÊNCIA

Evandro Muzy

DIREITOS DAS PESSOAS COM DEFICIÊNCIA

Freitas Bastos Editora

Copyright © 2022 *by* Evandro Muzy
Todos os direitos reservados e protegidos pela Lei 9.610, de 19.2.1998.
É proibida a reprodução total ou parcial, por quaisquer meios,
bem como a produção de apostilas, sem autorização prévia,
por escrito, da Editora.

Direitos exclusivos da edição e distribuição em língua portuguesa:

Maria Augusta Delgado Livraria, Distribuidora e Editora

Editor: *Isaac D. Abulafia*
Capa e Diagramação: *Jair Domingos de Sousa*

DADOS INTERNACIONAIS DE CATALOGAÇÃO NA
PUBLICAÇÃO (CIP) DE ACORDO COM ISBD

M994d

Muzy, Evandro
Direito das pessoas com deficiência / Evandro Muzy. – Rio de Janeiro: Freitas Bastos, 2022.
198 p. ; 15,5cm x 23cm.

Inclui bibliografia e anexo.

ISBN: 978-65-5675-106-1

1. Direito. 2. Direito das pessoas com deficiência. I. Título.

2022-888   CDD 341.27   CDU 342.7

Elaborado por Vagner Rodolfo da Silva – CRB-8/9410

Índice para catálogo sistemático:
1. Direito das pessoas com deficiência 341.27
2. Direito das pessoas com deficiência 342.7

Freitas Bastos Editora

atendimento@freitasbastos.com
www.freitasbastos.com

SUMÁRIO

1. INTRODUÇÃO..1

2. NOMENCLATURA..5

3. CONCEITO DE PESSOA COM DEFICIÊNCIA...................7

4. DA AVALIAÇÃO DA DEFICIÊNCIA...............................23

5. DO SIGNIFICADO DAS EXPRESSÕES DA LEI
13.146/2015..26

6. DA DIGNIDADE DA PESSOA HUMANA.........................36

7. DA IGUALDADE E DA NÃO DISCRIMINAÇÃO..............38

8. DA CAPACIDADE CIVIL E A CURATELA.....................44

9. DO ATENDIMENTO PRIORITÁRIO..............................56

10. DO DIREITO À VIDA..75

11. DO DIREITO À HABILITAÇÃO E
À REABILITAÇÃO...78

12. DO DIREITO À SAÚDE...85

13. DO DIREITO À EDUCAÇÃO.......................................96

14. DO DIREITO À MORADIA..107

15. DO DIREITO AO TRABALHO...................................110

16. DA HABILITAÇÃO PROFISSIONAL E
REABILITAÇÃO PROFISSIONAL.............................120

17. DA INCLUSÃO DA PESSOA COM DEFICIÊNCIA
NO TRABALHO..123

18. DO DIREITO À ASSISTÊNCIA SOCIAL....................125

19. DIREITO À PREVIDÊNCIA SOCIAL.........................128

20. DO DIREITO À CULTURA, AO ESPORTE, AO TURISMO E AO LAZER...................130

21. DO DIREITO AO TRANSPORTE E À MOBILIDADE...................141

22. DA ACESSIBILIDADE...................151

23. DO ACESSO À INFORMAÇÃO E À COMUNICAÇÃO...................162

24. DA TECNOLOGIA ASSISTIVA...................170

25. DO DIREITO À PARTICIPAÇÃO NA VIDA PÚBLICA E POLÍTICA...................174

26. DA CIÊNCIA E TECNOLOGIA...................177

27. DO ACESSO À JUSTIÇA...................179

28. DOS CRIMES E DAS INFRAÇÕES ADMINISTRATIVAS...................182

29. ANEXO LEI 13.146/2015...................190

30. ANEXO LEI 10.048/2015...................190

31. ANEXO LEI 10.098/2015...................190

32. ANEXO LEI 7.853/1989...................190

33. ANEXO DECRETO 3.298/1999...................191

34. ANEXO DECRETO 5.296/2004...................191

35. REFERÊNCIAS BIBLIOGRÁFICAS...................192

DIREITOS
DAS PESSOAS COM
DEFICIÊNCIA

1. INTRODUÇÃO

A pessoa com deficiência, assim como as mulheres, as pessoas negras e outros, nem sempre conseguiram exercer seus direitos em condições de igualdade com as demais pessoas. Tendo em vista que por algum tempo e em algumas culturas, aquele que apresentava alguma deficiência era submetido à morte, ou simplesmente era ignorada a sua condição de pessoa humana, não possuindo tratamento digno. Como bem lembra Lauro Luiz Gomes Ribeiro[1]:

> *No passado remoto, com os povos primitivos, tiveram tratamentos distintos e antagônicos entre si: alguns as destruíam por considera-las entraves ao desenvolvimento da raça ou do grupo, como no caso do povo Sirione (antigos moradores da selva boliviana) que, por sua natureza seminômade, abandonava as pessoas com deficiência, porque não podia ficar "transportando-as" ou mesmo dos astecas que os mantinha isolados em campos semelhantes a jardins zoológicos, para serem ridicularizados enquanto outros as protegiam como forma de louvar deuses e ganhar sua simpatia ou como gratidão aos mutilados de guerra. A Lei das XII Tábuas, na Roma Antiga, autorizava os patriarcas a matar seus filhos "de-*

---

1 Ribeiro, Lauro Luiz Gomes (Doutor) em Manual dos Direitos da Pessoa com Deficiência. 1ª edição. São Paulo – SP, Editora Verbatim, 2010, pág. 21 e 22

feituosos", o mesmo ocorrendo em Esparta. Na Índia antiga, eram jogados no rio Ganges, após terem as bocas e narinas tapadas com a lama do próprio rio.

Ainda, de acordo com referido doutrinador, grandes pensadores como Platão, não concebiam a igualdade que se faz necessária, e diziam, que as pessoas com deficiência deveriam ter seus direitos à reprodução reduzidos, e quando exercido, que o fruto desta relação não fosse mantido, ou seja, criado, sendo levado ao perecimento, de maneira a reduzir o número de pessoas com deficiência.

Nesta esteira ao tecer comentários sobre dispositivos da Convenção Internacional da Pessoa com Deficiência Carolina Valença Ferraz[2] argumenta que:

> Historicamente, as pessoas com deficiência enfrentaram adversidades, as quais sempre decorreram das barreiras atitudinais, econômicas e tecnológicas. É sabido que os povos como os bárbaros nômades, os espartanos, os romanos e outros eliminavam as crianças com deficiência em rituais religiosos ou com apoio legal, conforme previa a própria lei romana das XII Tábuas. Na idade Média estabelecera-se a crença de que a deficiência era fruto do pecado, tanto dos pais que geravam filhos com essas condições quanto da pessoa que adquiria deficiências ao longo da vida, a única forma de redenção do pecado seria a caridade ou a penitência religiosa. Foi nesse momento da história que se generalizou a ideia de isolamento das pessoas com deficiência e instituições beneficentes sustentadas pelo óbolo redentor.

Com o decorrer do tempo e os avanços obtidos nos conceitos de direitos humanos, dignidade da pessoa humana, valores éticos e morais, até mesmo das guerras mundiais que levaram a ocorrência de deficiências nos civis e nos soldados e seus avan-

---

2 Ferraz, Carolina Valença e outros autores em Manual dos Direitos da Pessoa com Deficiência, Data de fechamento da edição 30-03-2012. São Paulo – SP, Editora Saraiva, 2012, pág. 27

ços tecnológicos, a pessoa com deficiência passou gradativamente a ser vista como um ser humano como qualquer outro, e assim, passou a ser objeto de preocupação e regulação, visando atingir a igualdade. Partindo da premissa aristotélica: tratar os iguais de maneira igual e os desiguais de maneira desigual, na medida da sua desigualdade. Foram redigidos diversos textos legais e normativos que possibilitaram as pessoas com deficiência alcançar o mínimo de igualdade no exercício dos seus direitos e liberdades fundamentais quando comparadas com as demais pessoas, ao menos no plano legal normativo.

A igualdade é um direito fundamental previsto no próprio texto da Lei Maior, ou seja, a Constituição Federal:

> Art. 5º Todos são iguais perante a lei, sem distinção de qualquer natureza, garantindo-se aos brasileiros e aos estrangeiros residentes no País a inviolabilidade do direito à vida, à liberdade, à igualdade, à segurança e à propriedade, nos termos seguintes (...).

Para melhor compreensão de referido princípio vamos utilizar dos ensinamentos do Ilustre Professor Gustavo Muzy[3], segundo ele a igualdade:

> *É* a base de um sistema jurídico justo, sendo por isso destacada logo no *caput* do principal artigo constitucional que trata dos direitos individuais, além também de ser também ressaltada em diversos outros dispositivos constitucionais. A busca pela igualdade, aliás, foi um dos grandes impulsionadores das ideias constitucionalistas e republicanas do século XVIII, as quais defendiam que "todos os homens nascem iguais", em clara oposição ao sistema de castas e privilégios que vigorava como regra no mundo até então.

> O respeito à igualdade impede que o Estado eleja um determinado grupo de pessoas para conceder-lhe pri-

---

3 MUZY, Gustavo (Prof.) em Direito Constitucional Decifrado. 1ª edição. Cascavel – PR: Alfacon, 16/04/2021 pág. 240 e 241

vilégios injustificados ou para persegui-los de alguma maneira, devendo agir de forma equânime com relação a todos os cidadãos.

Deve ser observado, porém, que essa igualdade deve ser vista em termos relativos, no sentido de que situações semelhantes devem ser tratadas de forma igual e situações distintas devem ser tratadas também distintamente, na medida de sua desigualdade, de acordo com a máxima aristotélica de que "os iguais devem ser tratados de forma igual, e os desiguais, de forma desigual, na medida de sua desigualdade". Isso porque o tratamento igualitário a grupos que se encontram em situações diferentes pode levar a uma perpetuação dessa desigualdade.

Assim, admite-se que seja concedido tratamento diferenciado a um determinado grupo de pessoas como forma de reduzir uma desigualdade existente ou por razões de interesse público.

O que se veda é a discriminação arbitrária e injustificada. Assim, se houver justificativa razoável para um tratamento diferenciado, porque alguém se encontra em uma situação diferenciada, isso é aceito e até mesmo incentivado pela norma constitucional. Assim, não é inconstitucional, por exemplo, prever-se tratamento prioritário para as pessoas que se encontram em maior situação de vulnerabilidade, cotas para deficientes em concursos públicos ou ainda o pagamento de determinados benefícios da Assistência Social somente para os reconhecidamente pobres, por exemplo.

Assim, podemos perceber que a pessoa com deficiência se encontra em uma situação de vulnerabilidade maior, quando comparada com as demais pessoas, necessitando, deste modo, de um tratamento legal e normativo diferenciado. Visando atingirmos a igualdade no exercício dos seus direitos e liberdades fundamentais, vamos pensar em um caso prático:

A Constituição Federal assegura a livre locomoção no território nacional em tempos de paz, mas como uma pessoa que utiliza cadeiras de rodas para locomover-se vai conseguir deslocar-se pelo território nacional se não houver acessibilidade para isto? Ou ainda, como uma pessoa com deficiência auditiva irá obter uma informação de um processo judicial caso não haja um tradutor ou intérprete de LIBRAS (Língua Brasileira de Sinais) nos órgãos do Poder Judiciário. Assim, atualmente existe uma obrigação legal e normativa visando obrigar que referidas situações sejam atendidas.

Iremos no decorrer desta obra analisar alguns diplomas legais e normativos que serviram para estabelecer esta igualdade. Auxiliando você leitor na descoberta de direitos das pessoas com deficiência, ou ainda, ajudar quem possui o objetivo de preparar-se para provas de concursos públicos e OAB (Ordem dos Advogados do Brasil).

Vale destacar que a presente obra não pretende esgotar o tema dos direitos das pessoas das pessoas com deficiência, mas abordar os principais temas relacionados.

Você, caro leitor, está convidado a fazer parte das minhas redes sociais, e me coloco a disposição para termos um debate saudável, visando descobrir novas formas de acessibilidade e inclusão social e auxiliando, assim, na construção de uma sociedade mais justa e igualitária.

2. NOMENCLATURA

DA CORRETA NOMENCLATURA DA PESSOA COM DEFICIÊNCIA

A pessoa com deficiência já possuiu diversas nomenclaturas com o decorrer dos tempos, sendo alguns exemplos: pessoa com necessidades especiais, pessoa deficiente, pessoa portadora de deficiência, entre outros. Contudo a nomenclatura adotada atualmente e que busca proporcionar um tratamento igualitário, livre de preconceitos e sem conotações pejorativas é Pessoa com Deficiência (PCD).

Nos ensinamentos de Lauro Luiz Gomes Ribeiro[4]:

> Fixamos de início a terminologia a ser usada, que será "pessoa com deficiência", dando-se ênfase, sempre, à palavra "pessoa" e não à deficiência, por ser a mais adequada, e não "pessoa portadora de deficiência", uma vez que não "se porta" uma deficiência, como se faz com uma mochila ou guarda-chuvas, nada obstante esta última seja a adotada por toda a legislação, talvez porque acolhida pelos primeiros movimentos de defesa dos direitos desta categoria social.

Assim, muitas leis que tratam de direitos das pessoas com deficiência ainda possuem expressões que atualmente se encontram superadas, pelo fato de datarem de períodos anteriores à esta nova concepção, e por qual razão referidos diplomas não foram revogados?

O Brasil através do Decreto nº 6.949/2009 promulgou a Convenção Internacional sobre os direitos das pessoas com deficiência e seu protocolo facultativo, assinados em Nova York em 2007. Neste Tratado Internacional que versa sobre direitos humanos e que fora incorporado em nosso ordenamento jurídico nos moldes do artigo 5º, § 3º da Constituição Federal, existe a previsão de que caso houvesse nos Estados Membros disposição legal que não fosse mais restritiva de direitos, que referida convenção não revogaria referidas disposições.

Deste modo, caso você leitor esteja utilizando esta obra para preparar-se para concursos públicos ou para a aprovação na prova da OAB é importante que preste atenção na questão, pois o fato de a nomenclatura estar desatualizada não necessariamente remeterá ao erro da questão, assim como, caso a questão verse exatamente sobre nomenclaturas, como já foi cobrado em uma questão de concurso público para o cargo de Assistente Social e cargos similares, a nomenclatura errada pode direcionar ao erro dela. Preste

---

4 Ribeiro, Lauro Luiz Gomes (Doutor) em Manual dos Direitos da Pessoa com Deficiência. 1ª edição. São Paulo – SP, Editora Verbatim, 2010, pág. 9

atenção ao escopo da questão para acertá-la.

> Convenção Internacional sobre os direitos das pessoas com deficiência:

> 0Artigo 4
> Obrigações gerais

> 4.Nenhum dispositivo da presente Convenção afetará quaisquer disposições mais propícias à realização dos direitos das pessoas com deficiência, as quais possam estar contidas na legislação do Estado Parte ou no direito internacional em vigor para esse Estado. Não haverá nenhuma restrição ou derrogação de qualquer dos direitos humanos e liberdades fundamentais reconhecidos ou vigentes em qualquer Estado Parte da presente Convenção, em conformidade com leis, convenções, regulamentos ou costumes, sob a alegação de que a presente Convenção não reconhece tais direitos e liberdades ou que os reconhece em menor grau.

3. CONCEITO DE PESSOA COM DEFICIÊNCIA

Para definir o termo Pessoa com Deficiência é necessária uma interpretação sistêmica do nosso ordenamento jurídico.

A Lei nº 13.146/2015 conhecida como Estatuto da Pessoa com Deficiência (EPD), ou ainda, lei Brasileira de Inclusão da Pessoa com Deficiência (LBI) assim dispõe:

> Art. 2º Considera-se pessoa com deficiência aquela que tem impedimento de longo prazo de natureza física, mental, intelectual ou sensorial, o qual, em interação com uma ou mais barreiras, pode obstruir sua participação plena e efetiva na sociedade em igualdade de condições com as demais pessoas.

Pela disposição do artigo 2º a Pessoa com Deficiência é aquela que tem impedimento de longo prazo. A lei não específica a definição de longo prazo, logo, não é definido no Estatuto, o período de tempo para caracterizar uma Pessoa com Deficiência, mas analisando o mesmo diploma podemos perceber a definição de Pessoa com Mobilidade Reduzida.

> Art. 3º Para fins de aplicação desta Lei, consideram-se:

> IX – pessoa com mobilidade reduzida: aquela que tenha, por qualquer motivo, dificuldade de movimentação, permanente ou temporária, gerando redução efetiva da mobilidade, da flexibilidade, da coordenação motora ou da percepção, incluindo idoso, gestante, lactante, pessoa com criança de colo e obeso.

A pessoa com Mobilidade Reduzida possui dificuldade para se movimentar, dificuldade na sua locomoção, de maneira permanente, e que não se enquadra no conceito de pessoa com deficiência, podendo ocorrer de maneira permanente ou temporária, por exemplo uma pessoa com a perna engessada, devido alguma fratura é uma pessoa com mobilidade reduzida, ou ainda, uma grávida. Mais do que isso, a pessoa com mobilidade reduzida é aquela que possui redução efetiva na sua flexibilidade como por exemplo, doenças que afetam os ossos e articulações. A perda ou redução da coordenação motora também se enquadra no conceito de pessoa com mobilidade reduzida, como por exemplo, uma pessoa que está sofrendo com tremores devido ao Mal de Parkinson, ou ainda, redução efetiva da percepção, como por exemplo uma pessoa com visão subnormal que não chegue a caracterizar a deficiência visual.

A lei traz expressamente alguns exemplos de pessoas com mobilidade reduzida como o idoso, a gestante, a lactante, pessoa com criança de colo e obeso.

Deste modo, podemos concluir que embora o conceito de pessoa com deficiência seja diferente do conceito de pessoa com mobilidade reduzida, muitas pessoas com deficiência também te-

Direito das Pessoas com Deficiência | 9

rão a mobilidade reduzida, devido à natureza da deficiência, como por exemplo, uma pessoa que possui a ausência de membro ou efetuou uma amputação e utiliza uma prótese que não permite a recuperação total de movimentos.

Contudo, para fins de provas de concurso e OAB é importante que entenda que muitas bancas organizadoras cobram exatamente a diferenciação entre a pessoa com deficiência e a pessoa com mobilidade reduzida, por isso, para fins de provas memorize os conceitos expressos na lei, e direcione sua resposta exatamente para diferenciação entre ambos.

Importante destacar que a Portaria Interministerial AGU/MPS/MF/SEDH/MP nº 1 de 27.01.2014 define que será considerado como impedimento de longo prazo, para os efeitos do decreto 3.048 de 1999 aquele que produza efeitos de natureza física, mental, intelectual ou sensorial, pelo prazo mínimo de 02 (dois) anos, contados de forma ininterrupta.

Ainda, destrinchando o conceito de pessoa com deficiência contido no Estatuto, o referido diploma cita as naturezas física, mental, intelectual ou sensorial. Para entendimento destes conceitos se faz necessária a análise de dispositivos constantes no Decreto 3.298/1999:

> Art. 3º Para os efeitos deste Decreto, considera-se:
>
> I – deficiência – toda perda ou anormalidade de uma estrutura ou função psicológica, fisiológica ou anatômica que gere incapacidade para o desempenho de atividade, dentro do padrão considerado normal para o ser humano;
>
> II – deficiência permanente – aquela que ocorreu ou se estabilizou durante um período de tempo suficiente para não permitir recuperação ou ter probabilidade de que se altere, apesar de novos tratamentos; e
>
> III – incapacidade – uma redução efetiva e acentuada da capacidade de integração social, com necessidade de equipamentos, adaptações, meios ou recursos

especiais para que a pessoa portadora de deficiência possa receber ou transmitir informações necessárias ao seu bem-estar pessoal e ao desempenho de função ou atividade a ser exercida.

Os conceitos do art. 3º do Decreto auxiliam na construção do conceito dado pelo art. 2º do Estatuto.

Os tipos de deficiência encontram previsão específica no art. 4º do decreto 3.298/1999, abaixo colacionado:

> *Art. 4º É considerada pessoa portadora de deficiência a que se enquadra nas seguintes categorias:*
>
> *I – deficiência física – alteração completa ou parcial de um ou mais segmentos do corpo humano, acarretando o comprometimento da função física, apresentando-se sob a forma de paraplegia, paraparesia, monoplegia, monoparesia, tetraplegia, tetraparesia, triplegia, triparesia, hemiplegia, hemiparesia, ostomia, amputação ou ausência de membro, paralisia cerebral, nanismo, membros com deformidade congênita ou adquirida, exceto as deformidades estéticas e as que não produzam dificuldades para o desempenho de funções; (Redação dada pelo Decreto nº 5.296, de 2004).*

A deficiência física é caracterizada como a alteração completa ou parcial de um ou mais segmentos do corpo humano, sendo que esta alteração deverá acarretar comprometimento de função física, ou seja, alguma função física deve ser afetada pela deficiência. Podendo ser apresentada pelos seguintes tipos:

A) Paraplegia: perda total de movimentos nos membros inferiores, ocorre, por exemplo, com a pessoa que possui alteração no movimento de suas pernas, não conseguindo movimentos nelas;

B) Paraparesia: perda parcial de movimentos nos membros inferiores, ocorre, por exemplo, quando a pessoa possui alteração de movimento em suas pernas, possuindo movimentos parciais nelas;

Direito das Pessoas com Deficiência | 11

C) Monoplegia: perda total de movimentos em um único membro, podendo ser inferior ou superior, não conseguindo movimentos nele;

D) Monoparesia: perda parcial de movimentos em um único membro, podendo ser inferior ou superior, conseguindo movimentos parciais nele;

E) Tetraplegia: perda total de movimentos no tronco e nos membros inferiores e superiores, não conseguindo movimentos neles;

F) Tetraparesia: perda parcial de movimentos no tronco e nos membros inferiores e superiores, possuindo movimentos parciais neles;

G) Triplegia: perda total de movimentos em três membros, não conseguindo movimentos neles;

H) Triparesia: perda parcial de movimentos em três membros, possuindo movimentos parciais neles;

I) Hemiplegia: perda total de movimentos em um hemisfério do corpo, para exemplificar, de maneira didática, separe o corpo humano em dois, lado esquerdo e lado direito, nesta modalidade de deficiência a pessoa não conseguirá movimentos em um dos hemisférios;

J) Hemiparesia: perda parcial de movimentos em um hemisfério do corpo, não conseguindo movimentos de maneira parcial nele;

K) Ostomia: também chamado de estoma, trata-se da criação de um canal para coleta de urina e/ou as fezes;

L) Amputação ou ausência de membro: amputação é um procedimento no qual retira-se uma extremidade do corpo, como por exemplo, pés, mãos, braços, pernas, entre outros. A ausência de membro é a inexistência dele;

M) Paralisia cerebral: trata-se de alterações neurológicas que afetam a coordenação motora e a cognição, refletindo no movimento e na postura. Perceba que a definição normativa é que a paralisia cerebral é parte integrante do conceito de deficiência física, o que não descarta a ocorrência também de uma deficiência mental, por este fato, mas que possui um enquadramento diferenciado, esta seria derivada daquela;

N) Nanismo: é o crescimento anormal, são as pessoas que não possuem o crescimento do corpo na média do ser humano, possuindo pequena estatura;

O) Membros com deformidade congênita ou adquirida, exceto as deformidades estéticas e as que não produzam dificuldades para o desempenho de funções: trata-se de deformidade em algum membro ocorrida desde a formação do feto ou adquirida.

Continuando nosso estudo sobre os tipos de deficiência, prevê a lei:

> *II – deficiência auditiva – perda bilateral, parcial ou total, de quarenta e um decibéis (dB) ou mais, aferida por audiograma nas frequências de 500HZ, 1.000HZ, 2.000Hz e 3.000Hz". (Redação dada pelo Decreto nº 5.296, de 2004).*

A deficiência auditiva é caracterizada pela perda da audição, capacidade de ouvir, nos moldes delineados no diploma acima, perceba que pela análise do decreto a deficiência auditiva restará caracterizada desde que seja bilateral, ou seja, em ambos os ouvidos.

A deficiência visual não poderia ficar de fora da regulação do presente instrumento normativo, assim dispondo:

> *III – deficiência visual – cegueira, na qual a acuidade visual é igual ou menor que 0,05 no melhor olho, com a melhor correção óptica; a baixa visão, que significa acuidade visual entre 0,3 e 0,05 no melhor olho, com a melhor correção óptica; os casos nos quais a somatória da medida do campo visual em ambos os olhos for igual ou menor que 60º; ou a ocorrência simultânea de quaisquer das condições anteriores. (Redação dada pelo Decreto nº 5.296, de 2004)*

A deficiência visual pode ser classificada como cegueira ou baixa visão a depender da acuidade visual aferida nos parâmetros acima.

Importante lembrar que a Lei nº 14.126/2021 incluiu a visão monocular como sendo uma espécie de deficiência sensorial, do tipo visual. Abaixo colacionada:

> Art. 1º Fica a visão monocular classificada como deficiência sensorial, do tipo visual, para todos os efeitos legais.
>
> Parágrafo único. O previsto no § 2º do art. 2º da Lei nº 13.146, de 6 de julho de 2015 (Estatuto da Pessoa com Deficiência), aplica-se à visão monocular, conforme o disposto no *caput* deste artigo.

Além disso, não obstante a Súmula 377 do Superior Tribunal de Justiça prevê a possibilidade de a pessoa com visão monocular concorrer as vagas destinadas as pessoas com deficiência em concursos públicos:

> O portador de visão monocular tem direito de concorrer, em concurso público, às vagas reservadas aos deficientes.

A deficiência mental é tratada no inciso IV do Decreto 3.298/1999, que assim dispõe:

> IV – deficiência mental – funcionamento intelectual significativamente inferior à média, com manifestação antes dos dezoito anos e limitações associadas a duas ou mais áreas de habilidades adaptativas, tais como:
>
> a) comunicação;
>
> b) cuidado pessoal;
>
> c) habilidades sociais;
>
> d) utilização dos recursos da comunidade; (Redação dada pelo Decreto nº 5.296, de 2004)

e) saúde e segurança;

f) habilidades acadêmicas;

g) lazer; e

h) trabalho.

Referida deficiência pressupõe que a pessoa tenha um funcionamento intelectual relevantemente inferior à média apresentada. Pois, sabemos que devido à diversos fatores, incluindo educacionais, as pessoas possuem variações com relação ao seu Quociente de Inteligência, raciocínio, habilidades comunicacionais, higiene e cuidado pessoal, utilização de recursos externos providos pela sociedade e pelo poder público, cuidados com sua saúde e sua segurança, em sua capacidade de aprendizado, bem como possibilidade de desfrutar do lazer e capacidade laboral, nem sempre devem ser categorizadas como pessoa com deficiência. Justamente para não caracterizarmos uma pessoa que não possui deficiência como pessoa com deficiência é que se faz necessário que estes quesitos sejam apresentados de maneira a ser significativamente inferior à média do homem comum.

Deste modo, a pessoa com deficiência mental é aquela que tem seu funcionamento intelectual inferior a esta média, relacionadas a duas ou mais áreas quais são:

a) comunicação: capacidade de se comunicar, de transmitir e/ou receber mensagens, sejam elas feitas oralmente, por escrito ou por quaisquer meios, contudo, é claro que devemos avaliar a situação de modo a excluir as pessoas que não consigam se comunicar ante à ausência de algum conhecimento técnico necessário, como por exemplo, não é porque um bebê de 3 (três meses) que não profere palavras corretamente a seus pais que iremos necessariamente o classificar com deficiência mental, ou ainda, porque uma pessoa que não consegue entender as mensagens de um Código Morse que iremos também a classificar, ou ainda, pela razão de uma pessoa não conseguir comunicar-se em uma língua estrangeira. Afinal, em todos estes casos, o homem médio para poder se comunicar, necessitará de tempo para aprender e conhecimento técnico para desenvolver referida comunicação.

b) cuidado pessoal: a depender do grau da deficiência intelectual e mental a pessoa pode não conseguir efetuar os cuidados básicos pessoais ou pode ter sua aprendizagem sendo retardada pelo tempo, o cuidado pessoal se relaciona a ausência ou atrasos relevantes no entendimento e absorção do processo de cuidados próprios, como por exemplo alimentação, vestuário, higiene pessoal, entre outros.

c) habilidades sociais: as pessoas possuem qualidades sociais diferenciadas, muitas pessoas são introspectivas, preferindo o silêncio à interação, e este simples fato, não os classifica necessariamente como pessoas com deficiência, neste ponto há que se analisar se a pessoa o faz por sua própria vontade, ou ainda, em seu prejuízo, podemos citar como exemplo, alguns graus de autismo, nos quais a pessoa em determinados momentos acaba não interagindo com outras pessoas, a família e a sociedade.

d) utilização dos recursos da comunidade: a comunidade e o poder público disponibilizam diversos recursos para a vida pacífica em sociedade, e muitas vezes diversos serviços públicos são oferecidos para suprir necessidade básicas, a incapacidade de usufruir de referidos recursos pode ser um fator que contribuí na identificação da deficiência em estudo. Como exemplo, temos a incapacidade da pessoa de utilizar um semáforo de trânsito, de andar pelo passeio público, de entender e obedecer a sinalização, ente outros.

e) saúde e segurança: trata-se da pessoa que não consegue compreender que determinados cuidados são essenciais para preservar sua saúde e sua segurança, como por exemplo a incapacidade de entendimento que o fogo queima, que não devemos ingerir veneno, que não devemos colocar a mão e um local que possui a placa "cão bravo", entre outros.

f) habilidades acadêmicas: relaciona-se a pessoa que possui um desenvolvimento que não lhe permite desenvolver as habilidades acadêmicas em condições de igualdade com as demais pessoas. Como por exemplo, pessoas que não conseguem absorver os ensinamentos dos professores em sala de aula, mas aqui, por óbvio não podemos incluir aquelas pessoas que não possuem interesse e que por este fato acabam por não abstrair o conteúdo, como um exemplo um pouco esdrúxulo, mas que servirá para fins didáticos, uma pessoa que passa todo o ano letivo indo à escola, atendo-se aos ensinamentos, mas que não consegue entender e memorizar as vogais do alfabeto.

g) lazer: inclui as pessoas que não conseguem usufruir do lazer como a média do homem comum, podemos citar como exemplo, as pessoas que entendem como divertido e relaxante a atividade de desferir facadas em outros seres humanos, ou que simplesmente não conseguem exercer de nenhuma maneira alguma atividade que lhe gere prazer e relaxamento sem causar prejuízo a outrem.

h trabalho: é através do trabalho que as pessoas retiram seu próprio sustento, seja através do trabalho como empregado, exercendo a livre iniciativa como empregador ou autônomo, assim, a incapacidade de exercer funções laborais por obstáculos que se apresentam em seu raciocínio intelectual e cognitivo pode caracterizar esta deficiência.

De acordo com Lauro Luiz Gomes Ribeiro[5] doença mental e deficiência mental são conceitos distintos:

---

5 Ribeiro, Lauro Luiz Gomes (Doutor) em Manual dos Direitos da Pessoa com Deficiência. 1ª edição. São Paulo – SP, Editora Verbatim, 2010, pág. 9

> Doença mental não se confunde com deficiência mental. A doença mental associa-se aos transtornos mentais (conceito mais amplo, p. ex. que inclui a dependência química) de que trata a Lei nº 10.216/2000, passível de aparecer em qualquer fase da vida. Já a deficiência mental é o desenvolvimento mental incompleto, é dizer, capacidade intelectual diminuída e que se manifesta desde o nascimento ou até o final da adolescência.

Importante salientar a importância de uma avaliação por profissionais da área para efetuar o diagnóstico, bem como o acompanhamento, pois muitas pessoas com deficiência mental e intelectual, a depender do grau, conseguem desempenhar e ter uma vida plena, rompendo os obstáculos que a deficiência lhes acomete, devido ao processo de habilitação, reabilitação e acompanhamento com profissionais da área. Importante salientar que o objetivo desta obra não é delimitar os aspectos médicos e procedimentos dos profissionais da saúde no trato e diagnóstico das pessoas com deficiência, mas na verdade trazer à baila e discussão, os direitos aplicáveis as pessoas com deficiência, sendo assim, não recomendo que faça diagnósticos e tratamentos somente com as situações aqui elucidadas, mas sim, que procure um profissional habilitado. Profissionais habilitados que estejam aptos a fazer um correto diagnóstico e indicação das melhores técnicas e procedimentos voltados a habilitação e a reabilitação.

A deficiência, além de se apresentar sobre as diversas modalidades até aqui estudadas, também pode surgir pela afetação de mais de um tipo de deficiência. Assim dispondo a norma:

> V – deficiência múltipla – associação de duas ou mais deficiências.

Está associada pela soma de duas ou mais deficiências, como por exemplo, uma pessoa que tenha paraplegia e deficiência mental.

Continuando a destrinchar o art. 2º da Lei nº 13.146/2015:

> Art. 2º Considera-se pessoa com deficiência aquela que tem impedimento de longo prazo de natureza física, mental, intelectual ou sensorial, o qual, em interação com uma ou mais barreiras, pode obstruir sua participação plena e efetiva na sociedade em igualdade de condições com as demais pessoas.

Referido artigo fala que a pessoa com deficiência ao interagir com barreiras pode obstruir sua participação plena e efetiva na sociedade em igualdade de condições com as demais pessoas.

A Lei 13.146/2015 define as barreiras da seguinte forma:

> Art. 3º Para fins de aplicação desta Lei, consideram-se:
>
> IV – barreiras: qualquer entrave, obstáculo, atitude ou comportamento que limite ou impeça a participação social da pessoa, bem como o gozo, a fruição e o exercício de seus direitos à acessibilidade, à liberdade de movimento e de expressão, à comunicação, ao acesso *à* informação, à compreensão, à circulação com segurança, entre outros, classificadas em:
>
> a) barreiras urbanísticas (...);
>
> b) barreiras arquitetônicas (...);
>
> c) barreiras nos transportes (...);
>
> d) barreiras nas comunicações e na informação (...);
>
> e) barreiras atitudinais (...);
>
> f) barreiras tecnológicas (...).

Deste modo, podemos conceituar as barreiras como sendo a dificuldade, o embaraço, o óbice, podendo ser inclusive de ordem atitudinal ou comportamental, ou seja, de atitudes e comportamentos que impeçam, que dificultem a pessoa com deficiência de exercer seus direitos e liberdades fundamentais em condições de igualdade com as demais pessoas. Referidas barreiras podem ser classificadas como:

a) barreiras urbanísticas: são entraves existentes em vias e espaços, tanto públicos como privados abertos ao público ou de uso coletivo.

O Decreto nº 5.296/2004 define edificações de uso público como aquelas que são administradas por entidades da administração pública, direta e indireta, ou por empresas prestadoras de serviços públicos e destinadas ao público em geral; edificações de uso coletivo sendo aquelas destinadas às atividades de natureza comercial, hoteleira, cultural, esportiva, financeira, turística, recreativa, social, religiosa, educacional, industrial e de saúde, inclusive as edificações de prestação de serviços de atividades da mesma natureza; e as edificações de uso privado sendo aquelas destinadas à habitação, que podem ser classificadas como unifamiliar ou multifamiliar.

Podemos citar como exemplos um passeio público ("calçada") que contenha buracos, ou ainda, uma lixeira nele, um poste, que acabam por inviabilizar a circulação e mobilidade da pessoa com deficiência com segurança, afinal, uma pessoa que faz a utilização de cadeira de rodas, muitas vezes terá que se dirigir a pista de rolamento de veículos para continuidade do seu caminho.

b) barreiras arquitetônicas: trata-se dos obstáculos nos edifícios públicos e privados, podendo ser um exemplo a ausência de rampas, ou ainda, um elevado grau de inclinação nelas, ou mesmo, a ausência de elevadores.

c) barreiras nos transportes: o Brasil possui uma extensão territorial muito grande, um único estado da federação, muitas vezes é maior que muitos países europeus, levando em consideração, ainda, a maneira um tanto quanto desorganizada de crescimento das cidades, que levou a alguns modelos das chamadas cidades dormitórios, assim, é muito comum que as pessoas trabalhem ou procurem produtos e serviços em locais distantes de sua residência, fazendo com que as pessoas com deficiência tenham que percorrer distâncias consideráveis, transpassando diversos obstáculos e barreiras que acabam enfrentando.

As barreiras nos transportes são aquelas existentes nos sistemas e meios de transportes, como por exemplo, um vão muito grande entre um trem e a plataforma de embarque, que já levou algumas pessoas adentrarem neste "buraco", ou ainda, a ausência de táxis adaptados a pessoas cadeirantes.

d) barreiras nas comunicações e na informação: as pessoas necessitam se comunicar para ter uma vida digna e em condições de igualdade, contudo, muitas vezes, a possibilidade de repassar e receber informações se encontra diminuída ou quase nula, diante da ausência de conhecimento técnico ou de instrumentos que permitam a acessibilidade, assim, de acordo com referido diploma podemos conceituar essas barreiras como "qualquer entrave, obstáculo, atitude ou comportamento que dificulte ou impossibilite a expressão ou o recebimento de mensagens e de informações por intermédio de sistemas de comunicação e de tecnologia da informação". Como exemplo, podemos citar a ausência de intérpretes em LIBRAS (Língua Brasileira de Sinais) ou na comunicação tátil, que é mais comum para pessoa com deficiência nas modalidades surdas e cegas.

e) barreiras atitudinais: as pessoas exercem no decorrer do seu dia diversas atitudes e comportamentos e nesta ação, podem lesar direitos e liberdades fundamentais das pessoas com deficiência, a lei define esta barreira como sendo aquelas que "impeçam ou prejudiquem a participação social da pessoa com deficiência em igualdade de condições e oportunidades com as demais pessoas".

Podemos citar como um exemplo a ação de uma pessoa de ignorar que uma determinada vaga de estacionamento é destinada a pessoa com deficiência e ali estaciona seu veículo, sem preen-

Direito das Pessoas com Deficiência | 21

cher os requisitos para utilização dela. Ou ainda, o empregador que apresenta óbice ao preenchimento de uma vaga de trabalho para uma pessoa com deficiência, sem razões para isto. Situações que podem, a depender do caso, ensejar o crime de discriminação em razão da deficiência, ou ainda, infração de trânsito.

> f) barreiras tecnológicas: a tecnologia evolui a cada dia, e traz novos conceitos, processos e melhora a produtividade e qualidade de vida para a sociedade em geral. Deste modo, é imprescindível que a pessoa com deficiência possa ter acesso a elas também, para que possa ser beneficiada com referidos recursos.

A lei define esta barreira como sendo aquelas que "dificultam ou impedem o acesso da pessoa com deficiência às tecnologias". Podemos citar como exemplo a ausência dentro de um determinado software de uma programação que possa permitir a utilização dentro dele de um recurso específico, de plugins ou ainda, de outros softwares que possam efetuar a leitura de tela para pessoas com deficiência visual.

Muito embora, tenhamos trazido diversos conceitos e normas que visam conceituar os diversos tipos de deficiência, iremos nos valer de ensinamentos doutrinários para os compor ainda melhor.

De acordo com Lauro Luiz Gomes Ribeiro[6] que nos trouxe a visão de Laís Carvalho de Figueiredo Lopes:

> ... *a partir de uma proposta de equação matemática que ilustra o impacto do ambiente em relação à funcionalidade do indivíduo: a fórmula é deficiência = limitação funcional x ambiente. Caso seja atribuído o valor zero para o ambiente, posto que não ofereça qualquer obstáculo ou barreira, uma vez multiplicado por qualquer valor atribuído à limitação funcional do indivíduo e o*

---

6 Ribeiro, Lauro Luiz Gomes (Doutor) em Manual dos Direitos da Pessoa com Deficiência. 1ª edição. São Paulo – SP, Editora Verbatim, 2010, pág. 27

resultado da deficiência será igual a zero. Isto não quer dizer que a deficiência deixou de existir, mas sim que deixou de ser o problema, para assumir o papel de questão resultante da diversidade humana. O que esta equação revela é que a limitação do indivíduo é agravada ou atenuada de acordo com o meio onde está inserida, sendo "zero" (ou nula) quando o entorno for totalmente acessível e sem barreiras e tiver um valor superior a zero, o aumento desse impacto será progressivo em relação à funcionalidade da pessoa com deficiência; quanto maior o número de obstáculos, maior será o reflexo na deficiência, quando associada à limitação do indivíduo.

Deste modo, devemos aplicar a legislação citada, de maneira a conceder a generalidade que o conceito de pessoa com deficiência merece, devido à necessidade de atender as mais diversas situações, pois, a definição de um rol taxativo, seria não aplicar uma política afirmativa de direitos.

Vide decisão da Suprema Corte sobre o tema:

STF – Mandado de Segurança nº 26.071 / DF

DIREITO CONSTITUCIONAL E ADMINISTRATIVO. RECURSO ORDINÁRIO EM MANDADO DE SEGURANÇA. CONCURSO PÚBLICO. CANDIDATO PORTADOR DE DEFICIÊNCIA VISUAL. AMBLIOPIA. RESERVA DE VAGA. INCISO VIII DO ART. 37 DA CONSTITUIÇÃO FEDERAL. § 2º DO ART. 5º DA LEI Nº 8.112/90. LEI Nº 7.853/89. DECRETOS Nos 3.298/99 E 5.296/2004.

1. O candidato com visão monocular padece de deficiência que impede a comparação entre os dois olhos para saber-se qual deles é o "melhor".

2. A visão univalente – comprometedora das noções de profundidade e distância – implica limitação superior à deficiência parcial que afete os dois olhos.

3. A reparação ou compensação dos fatores de desigualdade factual com medidas de superioridade jurídica constitui política

Direito das Pessoas com Deficiência | 23

de ação afirmativa que se inscreve nos quadros da sociedade fraterna que se lê desde o preâmbulo da Constituição de 1988.

4. Recurso ordinário provido.

4. DA AVALIAÇÃO DA DEFICIÊNCIA

Sob um ponto de vista da saúde, preservação da vida e segurança, é indicado que a deficiência seja avaliada por profissionais da área e capacitados para isto, visando efetuar um correto diagnóstico, compreender o grau de afetação da deficiência para atividades diárias, para o desempenho de atividades laborais, para indicação ou reformulação de atividade de habilitação e reabilitação, bem como para a indicação de tratamento e educação que possa auxiliar na busca da superação das barreiras.

Contudo, sob uma ótica jurídica, tendo em consideração o disposto no Estatuto, a avaliação da deficiência nem sempre será necessária, e isto é um ponto muito importante para você leitor que visa se preparar para provas de concursos públicos e OAB, pois a não incidência dessa obrigatoriedade tem sido muito cobrada em diversas provas. A Lei 13.146/15 (EPD) prevê:

> Art. 2º.
>
> *§ 1º A avaliação da deficiência, quando necessária, será biopsicossocial, realizada por equipe multiprofissional e interdisciplinar e considerará: (Vigência)*
>
> I – os impedimentos nas funções e nas estruturas do corpo;
>
> II – os fatores socioambientais, psicológicos e pessoais;
>
> III – a limitação no desempenho de atividades; e
>
> IV – a restrição de participação.
>
> *§ 2º O Poder Executivo criará instrumentos para* avaliação da deficiência. (Vide Lei nº 13.846, de 2019) (Vide Lei nº 14.126, de 2021)

De acordo com a Lei havendo a necessidade de avaliação da deficiência, esta deverá ser feita com base em critérios biológicos, psicológicos e sociais. Perceba que a Lei prevê expressamente a expressão quando necessária, o que nos permite inferir que em determinadas situações a avaliação biopsicossocial será dispensada, isso por uma vertente jurídica. Sendo assim, em determinados casos esta avaliação completa poderá ser dispensada, como exemplo uma pessoa que tenha ausência de membro, não precisaremos de um conhecimento técnico especializado tão aprofundado para notar a situação.

Em determinados casos, para uma ou outra situação, como por exemplo a concessão de determinado benefício, as outras vertentes podem ser irrelevantes. Mas isso não quer dizer que não seja adequado um acompanhamento com profissionais especializados e que tenham conhecimento aprofundado, pois muitas vezes, seu processo de habilitação e de superação das barreiras pode ser maximizado com a atuação e acompanhamento de referidos profissionais.

A avaliação, quando necessária, deve ser feita por uma equipe multiprofissional, ou seja, por profissionais de diversas áreas, como por exemplo, médicos, assistentes sociais, psicólogos, entre outros. E ainda interdisciplinar, ou seja, envolvendo diversas disciplinas e/ou áreas do conhecimento. A avaliação deverá compreender diversos requisitos, os quais foram elencados em referido diploma legal:

I – os impedimentos nas funções e nas estruturas do corpo: qual o grau de afetação do corpo da pessoa devido à deficiência, por exemplo, ela possui ou terá algum movimento em suas pernas e tronco, qual o grau de movimentação, entre outros.

II – os fatores socioambientais, psicológicos e pessoais: o ambiente que a pessoa está inserida, o local que reside, diversos fatores podem colaborar para que a pessoas consiga ou não desempenhar seus direitos e liberdades em condições de igualdade, por exemplo, algumas regiões do país são conhecidas por possuem muitas subidas e descidas, conhecidas como "ladeiras", e principalmente em regiões mais periféricas, o passeio público é praticamente inexistente, o que pode ocasionar maior dificuldade ou até mesmo impossibilidade de deslocamento, a depender do tipo e grau de deficiência que a pessoa possui.

Os fatores psicológicos e pessoais também são muito importantes em referida avaliação, pois, por mais que duas pessoas tenham o mesmo tipo de deficiência, nem sempre possuirão os mesmos impedimentos, ou a mesma situação psicológica, cito como exemplo, as hipóteses em que pessoas que foram diagnosticadas com deficiência mental e que tiveram desde tenra idade um acompanhamento com profissionais especializados, e que assim, puderam exercer em sua vida adulta, muitas atividades, quase como se não fosse perceptível serem pessoas com deficiência, da mesma maneira que pessoas que não foram diagnosticadas e nem submetidas a processos de habilitação e reabilitação de maneira precoce e que acabaram por possuir mais dificuldades na superação das barreiras que enfrentam no exercício dos seus direitos, ou ainda, a impossibilidade de enfrentar ditos óbices.

Perceba que estas situações devem ser individualizadas, pois afetam os indivíduos de maneira diferenciada.

III – a limitação no desempenho de atividades e a restrição de participação: a avaliação da deficiência deve demonstrar o quanto a pessoa estará limitada ao exercício de determinadas atividades. O quanto a deficiência obstaculizará que ela faça algo.

Por exemplo, uma pessoa com deficiência mental, a depender do tipo e do grau, pode ficar impedida de realizar alguma atividade que possa ser considerada como perigosa, como por exemplo, manipular instrumentos cortantes, dirigir, pilotar um avião, entre outras.

Além disso, a avaliação deve fornecer elementos para que possamos compreender o quanto esta pessoa com deficiência está restrita a desempenhar determinadas atividades, como por exemplo, atravessar uma via com segurança, efetuar compras manipulando dinheiro etc.

A depender do direito pleiteado, poderão ser utilizadas técnicas e procedimentos diferenciados para aferição dos requisitos, a depender do órgão. Cabendo ao Poder Executivo, também no exercício do Poder Regulamentar dispor sobre os instrumentos necessários para referidas análises.

5. DO SIGNIFICADO DAS EXPRESSÕES DA LEI 13.146/2015

A lei nº 13.146/2015 conhecido como Estatuto da Pessoa com Deficiência, traz diversos significados para algumas expressões, este tema, além de ser extremamente importante para uma interpretação teleológica e finalística, para aqueles que buscam compreender os direitos das pessoas com deficiência, é também muito importante para provas de concursos públicos e OAB, pois muitas bancas utilizam essas expressões em suas provas, questionando o significado delas. Passemos para análise delas:

> Art. 3º Para fins de aplicação desta Lei, consideram--se:
>
> I – acessibilidade: possibilidade e condição de alcance para utilização, com segurança e autonomia, de espaços, mobiliários, equipamentos urbanos, edificações, transportes, informação e comunicação, inclusive seus sistemas e tecnologias, bem como de outros serviços e instalações abertos ao público, de uso público ou privados de uso coletivo, tanto na zona urbana como na rural, por pessoa com deficiência ou com mobilidade reduzida;

A sociedade passou por diversas evoluções, como por exemplo, históricas, científicas, morais, tecnológicas, referidas evoluções trouxeram consigo uma certa restrição de acesso para determinados grupos de pessoas, como por exemplo, para utilizar um software eu preciso de um computador ou um *smartphone*, para utilizar um semáforo que não possua sinal sonoro, eu preciso ter visão, para utilizar um ônibus que não possua rampa para

Direito das Pessoas com Deficiência | 27

cadeirantes, precisaremos da ajuda de pessoas para que ele possa adentrar ao local após as escadas, o termo Acessibilidade significa permitir o acesso, é tornar alcançável, em termos didáticos podemos dizer que a acessibilidade é uma maneira de rompimento das barreiras para exercício de direitos e liberdades fundamentais.

A Acessibilidade é um princípio que deve nortear a vida em sociedade e as políticas públicas, pois visa também a inclusão social.

Prevê citada lei:

> II – desenho universal: concepção de produtos, ambientes, programas e serviços a serem usados por todas as pessoas, sem necessidade de adaptação ou de projeto específico, incluindo os recursos de tecnologia assistiva;

Com o intuito de prover a acessibilidade necessária para diversos produtos (ex.: televisores), ambientes (exemplo: prédios), programas (por exemplo, benefício de prestação continuada) e serviços (ex.: conta corrente bancária) criou-se o conceito de desenho universal, que é um padrão que é desenvolvido por diversos órgãos que visam permitir que todas as pessoas possam usufruir daquela criação, sem a necessidade de promover adaptações, ajustes, para que qualquer pessoa consiga utilizar da coisa. Como por exemplo, podemos citar a necessidade de elevadores, ou ao menos, a previsão na planta de uma possível instalação de elevadores para prédios, ou ainda, em um parque a utilização de rampas ao invés de escadas, ou a concomitância de ambos, ou ainda, a existência de sanitários que permitam a utilização por pessoa cadeirante.

O desenho universal é uma regra geral, as coisas devem ser concebidas levando em consideração um padrão que permita a acessibilidade, e somente na impossibilidade de o colocar em prática é que utilizaremos a adaptação razoável, lembre-se que o desenho universal é regra geral e adaptação é exceção.

A nomenclatura tecnologia assistiva também é definida no Estatuto, assim dispondo:

> *III – tecnologia assistiva ou ajuda técnica: produtos, equipamentos, dispositivos, recursos, metodologias, estratégias, práticas e serviços que objetivem promover a funcionalidade, relacionada à atividade e à participação da pessoa com deficiência ou com mobilidade reduzida, visando à sua autonomia, independência, qualidade de vida e inclusão social;*

Por mais que seja idealizado o conceito de desenho universal, muitas barreiras se tornam quase que instransponíveis, sem os instrumentos adequados. Afinal, podemos citar como exemplo o fato de uma pessoa com paraplegia e que utiliza cadeira de rodas para se locomover, sem a cadeiras de rodas, sua locomoção se torna praticamente impossível, sem a ajuda de outras pessoas.

O Decreto nº 3.298/1999 em seu artigo 19 conceitua a ajuda técnica como sendo os elementos que permitem compensar uma ou mais limitações funcionais motoras, sensoriais ou mentais da pessoa com deficiência, com o objetivo de permitir-lhe superar as barreiras da comunicação e da mobilidade e de possibilitar sua plena inclusão social.

O Parágrafo único do referido diploma normativo traz mais conceitos e exemplos sobre o tema, dizendo que são ajudas técnicas:

A – próteses auditivas, visuais e físicas;

B – órteses que favoreçam a adequação funcional;

C – equipamentos e elementos necessários à terapia e reabilitação da pessoa portadora de deficiência;

D – equipamentos, maquinarias e utensílios de trabalho especialmente desenhados ou adaptados para uso por pessoa portadora de deficiência;

E – elementos de mobilidade, cuidado e higiene pessoal necessários para facilitar a autonomia e a segurança da pessoa portadora de deficiência;

Direito das Pessoas com Deficiência | 29

F – elementos especiais para facilitar a comunicação, a informação e a sinalização para pessoa portadora de deficiência;

G – equipamentos e material pedagógico especial para educação, capacitação e recreação da pessoa portadora de deficiência;

H – adaptações ambientais e outras que garantam o acesso, a melhoria funcional e a autonomia pessoal; e

I – bolsas coletoras para os portadores de ostomia.

Continuando o detalhamento das diversas nomenclaturas, a Lei Brasileira de Inclusão, conceitua barreiras como sendo:

> *IV – barreiras: qualquer entrave, obstáculo, atitude ou comportamento que limite ou impeça a participação social da pessoa, bem como o gozo, a fruição e o exercício de seus direitos à acessibilidade, à liberdade de movimento e de expressão, à comunicação, ao acesso à informação, à compreensão, à circulação com segurança, entre outros, classificadas em:*
>
> *a) barreiras urbanísticas: as existentes nas vias e nos espaços públicos e privados abertos ao público ou de uso coletivo;*
>
> *b) barreiras arquitetônicas: as existentes nos edifícios públicos e privados;*
>
> *c) barreiras nos transportes: as existentes nos sistemas e meios de transportes;*
>
> *d) barreiras nas comunicações e na informação: qualquer entrave, obstáculo, atitude ou comportamento que dificulte ou impossibilite a expressão ou o recebimento de mensagens e de informações por intermédio de sistemas de comunicação e de tecnologia da informação;*
>
> *e) barreiras atitudinais: atitudes ou comportamentos que impeçam ou prejudiquem a participação social da*

> *pessoa com deficiência em igualdade de condições e oportunidades com as demais pessoas;*
>
> *f) barreiras tecnológicas: as que dificultam ou impedem o acesso da pessoa com deficiência às tecnologias.*

As barreiras são obstáculos, entraves, dificuldades que poderão fazer com que a pessoa com deficiência, tenha uma maior dificuldade ou até mesmo um impedimento no exercício dos seus direitos fundamentais e liberdades fundamentais em condições de igualdade com as demais pessoas, para exemplificar, nossa Constituição Federal assegura a livre circulação no território nacional em tempos de paz, contudo, como uma pessoa com deficiência física irá circular livremente, principalmente em locais periféricos que possuem menor acessibilidade, e que dependendo da região possuem aclive e declives extremamente acentuados, ainda, que os passeios públicos, muitas vezes, promovem a sensação de que são inexistentes, forçando referida pessoa a circular pela pista de rolamento, tendo em vista que a utilização de uma cadeira de rodas, muleta ou bengala torna inviável a circulação pelo passeio (calçadas).

Ou ainda, como uma pessoa com deficiência auditiva irá exercer seu direito de acesso à informação e comunicar-se em um órgão público, se não houver tradutor que possa facilitar a comunicação em LIBRAS (Língua Brasileira de Sinais), por exemplo.

A Lei conceitua comunicação como sendo:

> V – comunicação: forma de interação dos cidadãos que abrange, entre outras opções, as línguas, inclusive a Língua Brasileira de Sinais (Libras), a visualização de textos, o Braille, o sistema de sinalização ou de comunicação tátil, os caracteres ampliados, os dispositivos multimídia, assim como a linguagem simples, escrita e oral, os sistemas auditivos e os meios de voz digitalizados e os modos, meios e formatos aumentativos e alternativos de comunicação, incluindo as tecnologias da informação e das comunicações.

A comunicação é imprescindível para a vida em sociedade, seu processo envolve diversos elementos, e pode ser feita por diversos canais e de diversas maneiras, não é somente a língua falada ou escrita que permite a comunicação, mas também, O LIBRAS, o Braile, a comunicação tátil, podemos a definir como sendo toda forma de interação, ou seja, de envio e recebimento de informações.

> VI – adaptações razoáveis: adaptações, modificações e ajustes necessários e adequados que não acarretem ônus desproporcional e indevido, quando requeridos em cada caso, a fim de assegurar que a pessoa com deficiência possa gozar ou exercer, em igualdade de condições e oportunidades com as demais pessoas, todos os direitos e liberdades fundamentais.

As adaptações razoáveis devem ser vistas como exceções à regra, já que o desenho universal será o modelo que permite a acessibilidade para qualquer pessoa, contudo em algumas situações, o emprego do desenho universal se torna inviável ou até mesmo impossível, sendo necessária a utilização de uma adaptação para permitir a acessibilidade, são exemplos a substituição de uma pequena escada por uma rampa, a colocação de adesivos em braile em botões de elevador.

> VII – elemento de urbanização: quaisquer componentes de obras de urbanização, tais como os referentes a pavimentação, saneamento, encanamento para esgotos, distribuição de energia elétrica e de gás, iluminação pública, serviços de comunicação, abastecimento e distribuição de água, paisagismo e os que materializam as indicações *do planejamento urbanístico.*

> VIII – mobiliário urbano: conjunto de objetos existentes nas vias e nos espaços públicos, superpostos ou adicionados aos elementos de urbanização ou de edificação, de forma que sua modificação ou seu traslado não provoque alterações substanciais nesses elementos, tais como semáforos, postes de sinaliza-

ção e similares, terminais e pontos de acesso coletivo às telecomunicações, fontes de água, lixeiras, toldos, marquises, bancos, quiosques e quaisquer outros de natureza análoga.

O desenvolvimento da sociedade fez surgir a necessidade de interação humana, a adoção de regras capazes de garantir o convívio pacífico em sociedade, e mais do que isso, o conforto, a segurança, a preservação da vida e da saúde das pessoas.

O êxodo rural que ocorreu de maneira cada vez mais acentuada com o passar dos tempos, o conglomerado de pessoas cada vez maior nos espaços públicos e privados, o aumento de veículos e sistemas de transporte, a necessidade de tratamento do esgoto e do lixo, a necessidade de acesso a energia elétrica e gás, dentre outros trouxeram a necessidade do fornecimento de muitos serviços públicos, como a iluminação pública, a pavimentação das ruas, a coleta de esgoto, comuns aos meios urbanos, sendo considerados como elementos de urbanização, ou seja, elementos que permitem o convívio cada vez maior de pessoas conjuntamente, em espaços cada vez mais ocupados.

O mobiliário urbano é aquele normalmente superposto ou adicionado ao elemento de urbanização e que lhe permite o acesso, como exemplo, para ter acesso ao sistema de distribuição e água potável em espaços públicos, precisamos de um bebedouro, para ter acesso a iluminação pública, precisaremos de postes, para transitar de maneira segura por uma via urbana, por vezes precisaremos de placas de sinalização e semáforos.

O conceito de pessoa com mobilidade reduzida também é delineado na Lei Brasileira de Inclusão:

> IX – pessoa com mobilidade reduzida: aquela que tenha, por qualquer motivo, dificuldade de movimentação, permanente ou temporária, gerando redução efetiva da mobilidade, da flexibilidade, da coordenação motora ou da percepção, incluindo idoso, gestante, lactante, pessoa com criança de colo e obeso.

Note que o conceito de pessoa com deficiência não se confunde com pessoa com mobilidade reduzida, embora algumas pessoas com deficiência possam também ter a sua mobilidade reduzida, contudo, principalmente para fins de preparação para provas se lembre que são conceitos distintos.

Qualquer pessoa que não se enquadre no conceito de pessoa com deficiência, mas que tenha sua mobilidade reduzida, por qualquer motivo, tendo dificuldade de movimentação de maneira permanente ou temporária e que tenha como consequência uma redução considerável da mobilidade, da flexibilidade, da coordenação motora ou mesmo da percepção podem ser considerados como pessoas com mobilidade reduzida. Neste conceito serão incluídos os idosos, as gestantes, as lactantes, pessoas com criança de colo e obesos.

Um importante instrumento de assistência as pessoas com deficiência, é a residência inclusiva, assim definida na Lei nº 13.146/2015:

> X – residências inclusivas: unidades de oferta do Serviço de Acolhimento do Sistema Único de Assistência Social (SUAS) localizadas em áreas residenciais da comunidade, com estruturas adequadas, que possam contar com apoio psicossocial para o atendimento das necessidades da pessoa acolhida, destinadas a jovens e adultos com deficiência, em situação de dependência, que não dispõem de condições de autossustentabilidade e com vínculos familiares fragilizados ou rompidos.

Algumas pessoas com deficiência não dispõem de condições de se sustentarem sozinhas, necessitando de um auxílio familiar, contudo algumas delas não possuem o respaldo ou a família que possa prover o devido amparo. Para suprir referida ausência, através do Sistema Único de Assistência Social é oferecido o serviço de acolhimento institucional para referidas pessoas, sendo jovens ou adultos que se encontrem em situações de dependência. As residências inclusivas devem ser localizadas em áreas residenciais da comunidade, devendo possuir estruturas adequadas, que possam contar com apoio psicossocial para o atendimento das necessidades da pessoa acolhida.

As pessoas com deficiência não podem ser vistas como "coitadas" ou sem quaisquer capacidades, pelo contrário, a lei, além de conceder a plena capacidade civil, preocupou-se também em regular algumas situações direcionadas para pessoas com deficiência que, em condições ideais, não dependem de outras para suas atividades diárias, construindo o conceito de moradia para a vida independente da pessoa com deficiência da seguinte forma:

> XI – moradia para a vida independente da pessoa com deficiência: moradia com estruturas adequadas capazes de proporcionar serviços de apoio coletivos e individualizados que respeitem e ampliem o grau de autonomia de jovens e adultos com deficiência.

Diversas pessoas com deficiência, devido ao tipo e grau da deficiência, ou ainda, a sua evolução na transposição das barreiras, diante, principalmente, dos serviços de habilitação e reabilitação possuem independência financeira e/ou autonomia nas atividades diárias, não necessitando de um acolhimento, a moradia para a vida independente destina-se a pessoa com deficiência que consiga ter uma vida independente, mas é claro que a acessibilidade deve ser provida, pois se constitui em medidas que irão permitir a superação das barreiras, que por vezes são o principal motivo para a ausência de autonomia e independência da pessoa com deficiência.

Nem sempre a pessoa com deficiência conseguirá por conta própria, ou mesmo com o auxílio de ajudas técnicas, tecnologias assistivas e adaptações razoáveis superar as barreiras que enfrentará no dia a dia, necessitando do auxílio de outras pessoas. Sobre o atendente pessoal a lei prevê o seguinte conceito:

> XII – atendente pessoal: pessoa, membro ou não da família, que, com ou sem remuneração, assiste ou presta cuidados básicos e essenciais à pessoa com de-

Direito das Pessoas com Deficiência | 35

ficiência no exercício de suas atividades diárias, excluídas as técnicas ou os procedimentos identificados com profissões legalmente estabelecidas.

O atendente pessoal, é uma pessoa, que pode ser membro ou não da família, que pode ganhar um salário ou não para prover a assistência necessária nos cuidados básicos e essenciais à pessoa com deficiência, como por exemplo, auxiliando na higiene, na alimentação, no lazer, entre outras atividades. Neste tópico, os enfermeiros e técnicos de enfermagem não serão considerados, no exercício desta atividade como atendentes pessoais, tendo em vista que suas profissões se encontram regulamentadas por lei.

O atendente pessoal presta cuidados relacionados ao dia a dia da pessoa com deficiência. Sendo o direito de acesso à Educação, um dos direitos fundamentais aplicáveis à pessoa com deficiência, surge a figura do profissional de apoio escolar, que irá auxiliá-la no ambiente escolar, assim conceituado pelo Estatuto:

> XIII – profissional de apoio escolar: pessoa que exerce atividades de alimentação, higiene e locomoção do estudante com deficiência e atua em todas as atividades escolares nas quais se fizer necessária, em todos os níveis e modalidades de ensino, em instituições públicas e privadas, excluídas as técnicas ou os procedimentos identificados com profissões legalmente estabelecidas.

O profissional de apoio escolar é uma pessoa que auxilia a pessoa com deficiência em suas atividades escolares, no ambiente escolar, pode desempenhar atividades como alimentação, higiene e locomoção do estudante, bem como outras atividades que se façam necessárias, essa atuação poderá ocorrer em todos os níveis e modalidades de ensino, desde o ensino básico até superior, pós-graduação, técnico, não se limitando a estas.

O professor como possui regulamentação em lei não será incluído dentro desta designação, embora possa desempenhar uma ou outra atividade neste sentido, mas não será considerado como profissional de apoio escolar.

Além do atendente pessoal e do profissional de apoio escolar, existe o acompanhante da pessoa com deficiência, afinal, a convivência familiar e comunitária é um dos direitos aplicáveis a estas. Prevendo a lei a seguinte disposição:

> XIV – acompanhante: aquele que acompanha a pessoa com deficiência, podendo ou não desempenhar as funções de atendente pessoal.

Acompanhante é aquele que acompanha, que está junto da pessoa com deficiência, pode ser ou não o atendente pessoal. Imagine o seguinte exemplo: uma pessoa com deficiência vai até o cinema com seu atendente pessoal e mais um amigo, neste caso tanto o atendente pessoal como o amigo serão seus acompanhantes.

6. DA DIGNIDADE DA PESSOA HUMANA

A dignidade da pessoa humana é um princípio de Direitos Humanos que serve de alicerce para diversos outros direitos e liberdades fundamentais.

De acordo com Lauro Luiz Gomes Ribeiro[7]:

> *A noção de dignidade da pessoa humana é antiga e pode ser bem representada pela assertiva do poeta John Donne que disse, no século XVII: "o homem algum é uma ilha completa em si mesma, todo homem é um fragmento do continente, uma parte do oceano", de modo que para se chegar à completude é preciso a presença de todos seres humanos, porque o homem não consegue viver isoladamente, sendo certo que depende dos outros. Para tanto, todos os homens recebem tratamento igualitários sem distinção em razão de qualquer característica física ou psíquica, basta o fato de ser humano.*
>
> *(...)*

---

7 Ribeiro, Lauro Luiz Gomes (Doutor) em Manual dos Direitos da Pessoa com Deficiência. 1ª edição. São Paulo – SP, Editora Verbatim, 2010, pág. 31 e 32

> *Assim, a dignidade da pessoa humana é um valor pertencente a todo e qualquer ser humano que deve ser nacional e universalmente respeitado, como preconiza a Declaração Universal do Direito dos Homens de 1948, da Organização das Nações Unidas, Artigo I "Todas as pessoas nascem livres e iguais em dignidade e direitos. São dotadas de razão e consciência e devem agira em relação umas às outras com espírito de fraternidade".*

Note que a dignidade da pessoa humana é um conceito amplo, já que os princípios constitucionais devem revestir-se de generalidade, diferentemente das normas constitucionais que refletem comandos mais específicos, proporcionando uma maior flexibilidade na interpretação das normas e conceitos constitucionais. Assim podemos entender a dignidade da pessoa humana como princípio básico dos direitos e liberdades fundamentais, significando que o homem, pela sua simples condição de homem é detentor de direitos, liberdades e deveres. Sendo a igualdade um pressuposto de seu respeito e aplicação.

De acordo com o Prof. Gustavo Muzy[8]:

> *O princípio da dignidade da pessoa humana nos lembra que é o Estado que existe em função das pessoas, e não o contrário, sendo que qualquer norma ou comportamento que venha a ferir o respeito ao próximo deve ser imediatamente rechaçado pelo ordenamento jurídico nacional, observado que todos são merecedores de tratamento digno, não só pelo Estado, mas também pelos demais cidadãos.*
>
> *Assim, nessa linha, proíbe a Constituição, por exemplo, toda forma de tratamento desumano ou degradante, bem como toda forma de discriminação preconceituosa, em diversos de seus dispositivos.*

---

8 Muzy, Gustavo (Prof.) em Direito Constitucional Decifrado. 1ª edição. Cascavel – PR: Alfacon, 16/04/2021 pág. 207

A dignidade da pessoa humana é um fundamento da República a partir do qual decorrem muitas outras disposições constitucionais e diversos direitos fundamentais, como o direito à liberdade, à intimidade, à segurança, à propriedade, à participação política, dentre tantos outros. Por conta disso, é um princípio comumente invocado pelo Supremo Tribunal Federal e outros tribunais para defesa de diversos outros direitos.

Sendo assim, em relação à pessoa com deficiência não poderia ser diferente, não importando se é ou não uma pessoa com deficiência, certos direitos serão aplicáveis e deverão ser respeitados, agora se tratando de uma pessoa com deficiência, certos direitos e liberdades serão aplicáveis somente a elas, e respeitar e assegurar que elas possam usufruir de referidos direitos e liberdades é parte integrante do próprio conceito de dignidade da pessoa humana, afinal, ter direito à propriedade e ter um domicílio, ter direito de se locomover livremente pelo território nacional em tempos de paz, são conceitos que compõe a dignidade da pessoa humana, logo, a acessibilidade que deve estar presente para que a pessoa com deficiência possa ter a necessária igualdade com as demais pessoas, acaba por também integrar o próprio conceito de dignidade da pessoa humana. Caso contrário a ausência de acessibilidade pode ensejar que a pessoa com deficiência não alcance a igualdade e não consiga exercer seus direitos e liberdades, promovendo um prejuízo à sua própria dignidade da pessoa humana.

7. DA IGUALDADE E DA NÃO DISCRIMINAÇÃO

De acordo com o dicionário, discriminar significa distinguir, discernir, separar, segregar, pôr a parte.

Perceba que a Igualdade entre as pessoas não pode ser interpretada de maneira absoluta, necessitando de relativismos para que realmente seja respeitada, desta maneira, a discriminação que deve ser combatida, não é o tratamento diferenciado despendido à pessoa com deficiência, que lhe permite chegar mais próxima da Igualdade, mas sim, o tratamento diferenciado que justamente lhe impede, obstruiu ou dificulta chegar mais próxima da igualdade, que acaba por atrapalhar que a pessoa com deficiência exerça seus direitos e liberdades fundamentais em condições igualdade com as demais pessoas.

Ao analisar dispositivos da Convenção Internacional da Pessoa com Deficiência Carolina Valença Ferraz[9] expõe:

> *Outro ponto relevantíssimo é a definição de discriminação. Nesse passo, a Convenção repreende tanto a intenção de excluir, diferenciar ou restringir direitos de pessoas com deficiência quanto a constatação objetiva de que tal se opera em determinada sociedade. É o que se revela na expressão "que resulte em", presente no citado artigo 2. Tal constatação se dá pela mera análise estatística da realidade de cada povo. A falta de participação ou inserção de pessoas com deficiência em clubes, empresas, escolas ou em atividades como lazer, turismo, esporte, ente outras, já evidencia a discriminação. Mas não só isso. Quando se opera "recusa" em providenciar as adaptações necessárias, também aí se evidenciará a discriminação. Nisso, a Convenção inova, e já é possível verificar um efeito imediato na legislação pátria.*
>
> *A Lei nº 7.853/1989 tipificou como criminosa a negativa de acesso a pessoas com deficiência a diversas atividades da vida social. O tipo penal aqui estudado, entretanto, era por demais aberto e de difícil implementação, pois a cada conduta apenável, acrescentava-se a expressão "sem justo motivo". É fácil entender o fato de que jamais fora aplicado tal dispositivo. O referido "justo motivo" é eminentemente cultural, Logo, se uma escola alegasse que não se justificaria a contratação de um professor especial para um aluno cego, porque seria*

---

9 Ferraz, Carolina Valença, e outros autores em Manual dos Direitos da Pessoa com Deficiência, Data de fechamento da edição 30-03-2012. São Paulo – SP, Editora Saraiva, 2012, pág. 25 e 26

economicamente oneroso ou porque não atenderia a coletividade, a probabilidade de aceitação desse argumento pelo Judiciário para justificar a recusa de matrícula do hipotético aluno cego e para afastar a punibilidade seria, para a época, facilmente acolhida. É o que se denomina em Direito, "tipo penal aberto", portanto, ineficaz. Reitero que hoje, em razão do texto em foco, a recusa de adaptação configura discriminação, o que, em minha opinião, impõe as empresas, escolas e instituições em geral a demonstração cabal de que se adaptaram ou de que adotaram todas as medidas existentes para tal adaptação, independentemente do aspecto econômico ou de qualquer outro.

A não discriminação é um princípio previsto no texto da Convenção Internacional dos Direitos das Pessoas com Deficiência, ratificada através do Decreto nº 6.949/2009 em seu artigo 3º.

Vamos nos valer dos conceitos previstos na lei 13.146/2015:

Art. 4º Toda pessoa com deficiência tem direito à igualdade de oportunidades com as demais pessoas e não sofrerá nenhuma espécie de discriminação.

§ 1º Considera-se discriminação em razão da deficiência toda forma de distinção, restrição ou exclusão, por ação ou omissão, que tenha o propósito ou o efeito de prejudicar, impedir ou anular o reconhecimento ou o exercício dos direitos e das liberdades fundamentais de pessoa com deficiência, incluindo a recusa de adaptações razoáveis e de fornecimento de tecnologias assistivas.

§ 2º A pessoa com deficiência não está obrigada à fruição de benefícios decorrentes de ação afirmativa.

O Estatuto da Pessoa com Deficiência dispõe que a pessoa com esta condição não poderá ser segregada da sociedade, dos serviços públicos, do convívio social por simplesmente ser uma pessoa com deficiência.

O parágrafo 1º colacionado acima conceitua o que vem a ser discriminação em razão da deficiência, que inclusive, a depender da situação pode caracterizar um crime.

Para materializar um pouco mais este conceito, imagine o seguinte exemplo:

Cartório extrajudicial que não permite que uma pessoa com deficiência realize determinado serviço, não reconhecendo a sua plena capacidade, ou ainda, determinando horários específicos, mais restritivos para atendimento deste público.

Delineados estes conceitos e exemplificados, importante salientar que a pessoa com deficiência não é obrigada a exercer direitos e/ou benefícios que lhe são colocados à disposição. Se houver um direito, uma liberdade, um benefício a sua disposição ela utilizará se assim desejar, como exemplo, não podemos obrigar que a pessoa com deficiência utilize um atendimento preferencial em um serviço de atendimento ao público.

Segundo Cristiano Chaves de Farias[10]:

> *Assim, na definição de SERGE ATHABABHIAN, "as ações afirmativas são medidas privadas ou políticas públicas objetivando beneficiar determinados segmentos da sociedade, sob o fundamento de lhes falecerem as mesmas condições de competição em virtude de terem sofrido discriminações ou injustiças históricas" (Princípio da igualdade e ações afirmativas, São Paulo: RCS Editora, 2004, p. 18).*

Deste modo, para exemplificar ainda mais, caso uma pessoa com deficiência física, usuário de cadeira de rodas para locomoção, resolva ir a um Shopping Center, utilizando seu veículo, e escolha por utilizar uma vaga convencional, não reservada as pessoas com deficiência e/ou mobilidade reduzida, não poderemos refrear sua escolha, assim como caso uma pessoa com deficiên-

---

10 Farias, Cristiano Chaves de, e coautores em Estatuto da Pessoa com Deficiência Comentado. 3ª edição. Salvador – BA, Editora Jus Podivm, pág. 37.

cia escolha em um concurso público, mesmo se enquadrando nas condições legais e normativas da lei e do edital do concurso, em se inscrever na lista geral, não poderemos a obrigar concorrer na lista especial, destinada às pessoas com deficiência.

Com a evolução histórica dos Direitos Humanos, determinados direitos são inerentes à simples condição de vida humana, a todos são assegurados a igualdade, a proibição de tortura, penas cruéis, a degradação da condição humana, entre outros. Contudo o artigo 5º da Le 13.146/2015 prevê tais proteções aplicáveis a pessoa com deficiência:

> *Art. 5º A pessoa com deficiência será protegida de toda forma de negligência, discriminação, exploração, violência, tortura, crueldade, opressão e tratamento desumano ou degradante.*
>
> *Parágrafo único. Para os fins da proteção mencionada no* caput *deste artigo, são considerados especialmente vulneráveis a criança, o adolescente, a mulher e o idoso, com deficiência.*

Para Ana Paula Crosara de Resende em A Convenção sobre os Direitos das Pessoas com Deficiência Comentada "toda pessoa pode ser um agente de violação de direitos humanos e raramente percebe que está cometendo um ato de discriminação, principalmente contra as pessoas com deficiência em razão do usual desconhecimento do tema pela população de um modo geral. Por isso, a necessidade de conscientização. Então, é necessário que sejam tomadas medidas imediatas, eficazes e apropriadas para promover na sociedade o respeito pelos direitos e pela dignidade das pessoas com deficiência, no intuito de gerar, inclusive nas famílias, o conhecimento sobre as suas reais condições, para romper essa 'invisibilidade' e poder assumir o controle de suas vidas".

Deste modo, a pessoa com deficiência deve ser protegida de violações em sua dignidade, sendo que algumas pessoas por suas condições etárias e/ou genéticas devem possuir especial proteção, sendo consideradas como especialmente vulneráveis, como é o caso da criança, do adolescente, da mulher e do idoso, com defi-

Direito das Pessoas com Deficiência | 43

ciência. Mas por qual razão essas pessoas possuem uma proteção especial?

A resposta está alicerçada nas próprias condições humanas a que referidas pessoas estão submetidas devido à sua situação. Imagine o seguinte cenário hipotético: duas crianças estão sendo submetidas à tortura dentro do seio familiar, uma criança que não possui deficiência, embora também tenha que ser protegida, e ainda, seja influenciável, ao ponto de não buscar ajuda, possui condições físicas de simplesmente correr e pleitear a ajuda que necessita, embora isso possa não ocorrer por diversos fatores. Agora pense na outra criança com deficiência física, na modalidade paraplegia, ela não movimenta os membros inferiores, e se o torturador não colocar à disposição dela uma cadeira de rodas, ela terá sua locomoção comprometida, e mesmo que coloque, sabemos que a velocidade que iria se locomover, muitas vezes inviabilizaria uma eventual fuga. Sendo assim, a autoridade pública que receba duas denúncias sobre estes dois atos de tortura ao mesmo tempo, e sem condições, de a princípio, averiguar quem está submetido a perigo maior, caso não disponha de recursos para atender simultaneamente os dois casos, terá que priorizar o especialmente vulnerável, pois sua situação de vulnerabilidade é presumida pela lei como de maior perigo, por sua condição.

De acordo com Cristiano Chaves de Farias[11]:

> *O mesmo ocorre com a mulher. Lembra Flavia Cintra: "Quando a deficiência se agrega à condição feminina como mais um fator de discriminação, as situações de exclusão, segregação e violência se potencializam. Do ocidente ao oriente, as mulheres com deficiência têm sido sistematicamente expostas à violação de seus direitos mais básicos. A violência ocorre tanto nas ruas como em casa, sendo que a maioria é causada por parentes de primeiro grau, sobretudo maridos e companheiros. O UNICEF avalia que de cada dez mulheres no mundo,*

---

11 Farias, Cristiano Chaves de, e coautores em Estatuto da Pessoa com Deficiência Comentado. 3ª edição. Salvador – BA, Editora Jus Podivm, pág. 42):

uma é vítima de estupro pelo menos uma vez em sua vida. Estima-se que mulheres com deficiência com deficiência correm 3 vezes mais o risco de serem estupradas do que mulheres sem deficiência. A maior vulnerabilidade física, a necessidade de cuidados adicionais e a crença quase universal que as pessoas com deficiência não são testemunhas confiáveis para fazer sua própria defesa, fazem dessa população um alvo fácil para o estupro e o abuso sexual (ob. cit. pág. 41).

8. DA CAPACIDADE CIVIL E A CURATELA

Como já exposto a pessoa com deficiência por muito tempo foi, e muitas vezes, ainda é, vítima de discriminação, vigorava a ideia de que a pessoa com deficiência não era capaz de fazer suas próprias escolhas, que não possuía discernimento para fazer as melhores escolhas para si, principalmente a pessoa com deficiência mental, tanto que o Código Civil de 2002 em seu artigo 3º, II tinha a previsão de que seriam absolutamente incapazes aqueles que por enfermidade ou deficiência mental, não tivessem o necessário discernimento para a prática desses atos, contudo, A Lei 13.146/2015 amparada na Convenção Internacional da Pessoa com Deficiência alterou o Código Civil, restringindo o rol de absolutamente incapazes para os menores de 16 (dezesseis) anos.

Deste modo, a pessoa com deficiência deve ser vista como plenamente capaz, podendo ser sujeito de direitos e obrigações. De maneira extremamente excepcional e temporária pelo menor tempo possível, através de um processo judicial pode ser determinada a curatela em alguns casos, sendo que referido procedimento irá atingir tão somente os atos negociais e patrimoniais. Deste modo, caso a pessoa com deficiência queira ser doadora de órgãos, casar-se, ter filhos, estudar, trabalhar, votar, não precisará do aceite do curador, dentre outros direitos.

Por tratar-se de decisão judicial, que deve ser adotada em casos extremamente excepcionais, o curador deve prestar contas ao Poder Judiciário da administração do patrimônio dos negócios efetuados em nome do curatelado, a fim de que os interesses dele sejam preservados. A decisão que determinar a curatela, deve ser motivada, fundamentando as razões que levaram o magistrado a determiná-la.

O Código Civil, alterado pelo Lei 13.146/2015, em seu artigo 1.767, I, determina que estarão sujeitos a curatela aqueles que, por causa transitória ou permanente, não puderem exprimir sua vontade.

Embora a Lei 13.146/2015 não determine expressamente que a decisão judicial deva vigorar por prazo determinado, a determinação de que a Curatela deva durar pelo menor tempo possível, permite-nos deduzir que a decisão deverá determinar o prazo ou condição que poderá determinar o fim dos efeitos da curatela. E não havendo mudança na situação de fato que ensejou a curatela, que ela possa ser renovada por mais um período/condição determinados.

Sendo assim, atualmente a pessoa com deficiência deve ser considerada como plenamente capaz, desde que possua mais de 18 (dezoito) anos, só será absolutamente incapaz, caso possua menos de 16 anos. E mesmo que esteja sendo curatelada, ainda assim, deve ser respeitada sua capacidade legal plena, pois muitos direitos não serão afetados pela curatela.

Dispõe o Estatuto da Pessoa com Deficiência:

> *Art. 84. A pessoa com deficiência tem assegurado o direito ao exercício de sua capacidade legal em igualdade de condições com as demais pessoas.*
>
> *§ 1º Quando necessário, a pessoa com deficiência será submetida à curatela, conforme a lei.*
>
> *§ 2º É facultado à pessoa com deficiência a adoção de processo de tomada de decisão apoiada.*
>
> *§ 3º A definição de curatela de pessoa com deficiência constitui medida protetiva extraordinária, proporcional às necessidades e às circunstâncias de cada caso, e durará o menor tempo possível.*

§ 4° Os curadores são obrigados a prestar, anualmente, contas de sua administração ao juiz, apresentando o balanço do respectivo ano.

Art. 85. A curatela afetará tão somente os atos relacionados aos direitos de natureza patrimonial e negocial.

§ 1° A definição da curatela não alcança o direito ao próprio corpo, à sexualidade, ao matrimônio, à privacidade, à educação, à saúde, ao trabalho e ao voto.

§ 2° A curatela constitui medida extraordinária, devendo constar da sentença as razões e motivações de sua definição, preservados os interesses do curatelado.

§ 3° No caso de pessoa em situação de institucionalização, ao nomear curador, o juiz deve dar preferência a pessoa que tenha vínculo de natureza familiar, afetiva ou comunitária com o curatelado.

Art. 86. Para emissão de documentos oficiais, não será exigida a situação de curatela da pessoa com deficiência.

Art. 87. Em casos de relevância e urgência e a fim de proteger os interesses da pessoa com deficiência em situação de curatela, será lícito ao juiz, ouvido o Ministério Público, de ofício ou a requerimento do interessado, nomear, desde logo, curador provisório, o qual estará sujeito, no que couber, às disposições do Código de Processo Civil.

Art. 6° A deficiência não afeta a plena capacidade civil da pessoa, inclusive para:

I – casar-se e constituir união estável;

II – exercer direitos sexuais e reprodutivos;

III – exercer o direito de decidir sobre o número de filhos e de ter acesso a informações adequadas sobre reprodução e planejamento familiar;

IV – conservar sua fertilidade, sendo vedada a esterilização compulsória;

V – exercer o direito à família e à convivência familiar e comunitária; e

VI – exercer o direito à guarda, à tutela, à curatela e à adoção, como adotante ou adotando, em igualdade de oportunidades com as demais pessoas.

Note que a plena capacidade civil não será afetada pela deficiência, conforme previsão do artigo 6º da Lei Brasileira de Inclusão A expressão "inclusive" demonstra que não se trata de um rol taxativo, mas na verdade de um rol exemplificativo.

Estando dentro das plenas capacidades da pessoa com deficiência a decisão de se casar ou não, ou mesmo, constituir união estável.

No tocante ao direito de exercer os direitos sexuais e reprodutivos, é muito importante que seja preservado referido direito, deste modo, para que não ocorra a caracterização do crime de estupro de vulnerável, previsto no artigo 217-A, § 1º do Código Penal é imprescindível o aceite e consentimento da pessoa com deficiência. Devendo, a meu ver, o magistrado que estiver diante de um caso como este, avaliar com muito cuidado a situação, através das provas possíveis e existentes, como filmagens, mensagens, testemunhas e demais meios se a pessoa com deficiência possuía o necessário discernimento para a prática do ato.

Havendo dúvidas para a pessoa que irá participar do ato em conjunto com a pessoa com deficiência, se ela realmente está ciente do que significa a ação, até para se eximir de eventuais responsabilidades, é indicado que esclareça para a pessoa com deficiência a situação, mais do que isso, que colha informações no seio familiar, profissionais da medicina e outros, se a pessoa é realmente capaz de compreender o que significará o ato. Embora a lei assegure a plena capacidade da pessoa com deficiência, isto não seria uma autorização, mas uma demonstração de que esta pessoa está interessada em saber se o discernimento da pessoa com deficiência realmente ocorre no caso concreto.

Para Cristiano Chaves de Farias[12]:

"Na grande maioria dos casos, a pessoa, conquanto com uma deficiência física, tem plenamente preservada sua capacidade de entendimento e, bem por isso, pode livremente manifestar sua vontade. Sendo assim, não tem qualquer impedimento para o casamento ou para constituir união estável. E mesmo o interdito, em inovação inaugurada por este estatuto, tem preservada sua capacidade de contrair matrimônio, nos termos do art. 85, § 1º, deste diploma. Reforça essa tese a revogação do art. 3º, inc. II, do Código Civil, promovida pelo estatuto (art. 114), que considerava absolutamente incapaz de exercer pessoalmente os atos da vida civil, 'os que, por enfermidade ou deficiência mental, não tiverem o necessário discernimento para a prática desses atos".

Para você leitor que deseja obter conhecimento para provas de concursos públicos é importante ter atenção ao direito da pessoa com deficiência de exercer o direito à guarda, à tutela, à curatela e à adoção, como adotante ou adotando, em igualdade de oportunidades com as demais pessoas, pois este dispositivo costuma ter incidência nas questões de prova. A pessoa com deficiência, uma vez que é plenamente capaz, possui condições de cuidar de outra pessoa, de a orientar e a educar, podendo exercer a adoção, ou ainda, ser adotada, sendo que o fato de se tratar de uma pessoa com deficiência, além de não poder ser um fator impeditivo, não pode ser alegado para que seja dada prioridade a uma pessoa que não possui deficiência.

Entre as diversas alterações que a Lei Brasileira de Inclusão promoveu na legislação, está a alteração no Código Civil, passando a dispor:

1) Antes de se pronunciar acerca dos termos da curatela, o juiz, que deverá ser assistido por equipe multidisciplinar, entrevistará pessoalmente o interditando.

2) O juiz determinará, segundo as potencialidades da pessoa, os limites da curatela, circunscritos às restri-

---

12 Farias, Cristiano Chaves de, e coautores em Estatuto da Pessoa com Deficiência Comentado. 3ª edição. Salvador – BA, Editora Jus Podivm, pág. 44):

ções constantes do art. 1.782, e indicará curador. Para a escolha do curador, o juiz levará em conta a vontade e as preferências do interditando, a ausência de conflito de interesses e de influência indevida, a proporcionalidade e a adequação às circunstâncias da pessoa.

3) Na nomeação de curador para a pessoa com deficiência, o juiz poderá estabelecer curatela compartilhada a mais de uma pessoa.

4) As pessoas referidas no inciso I do art. 1.767 receberão todo o apoio necessário para ter preservado o direito à convivência familiar e comunitária, sendo evitado o seu recolhimento em estabelecimento que os afaste desse convívio.

Da Tomada de Decisão Apoiada

O procedimento de tomada de decisão apoiada é uma importante evolução no nosso arcabouço jurídico, tendo em vista que constitui uma medida judicial que visa preservar a capacidade da pessoa com deficiência em tomar suas próprias decisões, contudo no intuito de preservar seus interesses, neste procedimento a pessoa com deficiência elege duas pessoas idôneas que confie para atuar como uma espécie de consultor, fornecendo informações e subsídios para que ela possa decidir de acordo com sua própria vontade.

Uma vez reconhecido o processo de Tomada de Decisão Apoiada pelo Poder Judiciário, observando o que dispõe o art. 1783-A do Código Civil, A decisão tomada por pessoa apoiada terá validade e efeitos sobre terceiros, sem restrições, desde que esteja inserida nos limites do apoio acordado. Assim sendo, uma decisão tomada por pessoa apoiada, havendo anuência dos apoiadores, será considerada como válida perante terceiros, não sendo crível a alegação de nulidade do negócio pela incapacidade de entendimento da pessoa apoiada, uma vez que os apoiadores indicados por ela, concordaram com referida negociação, por isso, a importância de haver uma relação de confiança entre apoiado e apoiadores. Contudo, para que haja uma maior estabilidade nas negociações é importante que os apoiadores assinem o documento conjuntamente com a pessoa apoiada, ou de alguma maneira exprimam a concordância com a negociação.

Havendo discordância entre a vontade da pessoa apoiada e o apoiador, caberá ao juiz manifestar-se sobre a prevalência das vontades, ouvido o Ministério Público, e ao dirimir referida situação é mister que se reconheça a plena capacidade civil da pessoa com deficiência. Deste modo, havendo indícios de que a decisão da pessoa apoiada pode levá-la risco e/ou prejuízo relevante poderão ser efetuadas perícias, caso ainda não efetuadas, com o intuito de demonstrar que a pessoa apoiada está no exercício pleno de suas faculdades mentais e ciente dos riscos e prejuízos que poderão lhe ser acometidos.

Como se trata de ação que visa a homologação de vontade, não havendo lide ou uma pretensão resistida, mas na verdade, uma verificação da legitimidade do procedimento e de cumprimento das leis, normas e reais interesses envolvidos, é possível, em minha visão, o enquadramento nos procedimentos de jurisdição voluntária.

Código Civil:

> *Art. 1.783-A. A tomada de decisão apoiada é o processo pelo qual a pessoa com deficiência elege pelo menos 2 (duas) pessoas idôneas, com as quais mantenha vínculos e que gozem de sua confiança, para prestar-lhe apoio na tomada de decisão sobre atos da vida civil, fornecendo-lhes os elementos e informações necessários para que possa exercer sua capacidade. (Incluído pela Lei nº 13.146, de 2015) (Vigência)*
>
> *§ 1º Para formular pedido de tomada de decisão apoiada, a pessoa com deficiência e os apoiadores devem apresentar termo em que constem os limites do apoio a ser oferecido e os compromissos dos apoiadores, inclusive o prazo de vigência do acordo e o respeito à vontade, aos direitos e aos interesses da pessoa que*

devem apoiar. (Incluído pela Lei nº 13.146, de 2015) (Vigência)

§ 2º O pedido de tomada de decisão apoiada será requerido pela pessoa a ser apoiada, com indicação expressa das pessoas aptas a prestarem o apoio previsto no caput *deste artigo. (Incluído pela Lei nº 13.146, de 2015) (Vigência)*

§ 3º Antes de se pronunciar sobre o pedido de tomada de decisão apoiada, o juiz, assistido por equipe multidisciplinar, após oitiva do Ministério Público, ouvirá pessoalmente o requerente e as pessoas que lhe prestarão apoio. (Incluído pela Lei nº 13.146, de 2015) (Vigência)

§ 4º A decisão tomada por pessoa apoiada terá validade e efeitos sobre terceiros, sem restrições, desde que esteja inserida nos limites do apoio acordado. (Incluído pela Lei nº 13.146, de 2015) (Vigência)

§ 5º Terceiro com quem a pessoa apoiada mantenha relação negocial pode solicitar que os apoiadores contra-assinem o contrato ou acordo, especificando, por escrito, sua função em relação ao apoiado. (Incluído pela Lei nº 13.146, de 2015) (Vigência)

§ 6º Em caso de negócio jurídico que possa trazer risco ou prejuízo relevante, havendo divergência de opiniões entre a pessoa apoiada e um dos apoiadores, deverá o juiz, ouvido o Ministério Público, decidir sobre a questão. (Incluído pela Lei nº 13.146, de 2015) (Vigência)

§ 7º Se o apoiador agir com negligência, exercer pressão indevida ou não adimplir as obrigações assumidas, poderá a pessoa apoiada ou qualquer pessoa apresentar denúncia ao Ministério Público ou ao juiz. (Incluído pela Lei nº 13.146, de 2015) (Vigência)

§ 8º Se procedente a denúncia, o juiz destituirá o apoiador e nomeará, ouvida a pessoa apoiada e se for de seu interesse, outra pessoa para prestação de apoio. (Incluído pela Lei nº 13.146, de 2015) (Vigência)

> § 9º A pessoa apoiada pode, a qualquer tempo, solicitar o término de acordo firmado em processo de tomada de decisão apoiada. (Incluído pela Lei nº 13.146, de 2015) (Vigência)
>
> § 10. O apoiador pode solicitar ao juiz a exclusão de sua participação do processo de tomada de decisão apoiada, sendo seu desligamento condicionado à manifestação do juiz sobre a matéria. (Incluído pela Lei nº 13.146, de 2015) (Vigência)
>
> § 11. Aplicam-se à tomada de decisão apoiada, no que couber, as disposições referentes à prestação de contas na curatela. (Incluído pela Lei nº 13.146, de 2015) (Vigência)

A princípio qualquer violação aos direitos das pessoas com deficiência, ou ameaça a eles deve ser comunicada a autoridade competente. O meio e a autoridade competente para receber e apurar referidas denúncias, dependerá da situação concreta. Temos como exemplo o disque 100, de acordo com gov.br:

> O Disque Direitos Humanos – Disque 100 é um serviço disseminação de informações sobre direitos de grupos vulneráveis e de denúncias de violações de direitos humanos.
>
> O serviço pode ser considerado como "pronto socorro" dos direitos humanos e atende graves situações de violações que acabaram de ocorrer ou que ainda estão em curso, acionando os órgãos competentes e possibilitando o flagrante.
>
> Qualquer pessoa pode reportar alguma notícia de fato relacionada a violações de direitos humanos, da qual seja vítima ou tenha conhecimento.

Além deste mecanismo, uma comunicação ao Delegado de Polícia, nas situações que envolvam crimes contra a pessoa com deficiência, ou ainda, ao Ministério Público podem ser consideradas como comunicações, pois terão o devido prosseguimento com o intuito de cessar a ameaça ou violação.

Segundo o Estatuto da Pessoa com Deficiência:

> *Art. 7º É dever de todos comunicar à autoridade competente qualquer forma de ameaça ou de violação aos direitos da pessoa com deficiência.*
>
> *Parágrafo único. Se, no exercício de suas funções, os juízes e os tribunais tiverem conhecimento de fatos que caracterizem as violações previstas nesta Lei, devem remeter peças ao Ministério Público para as providências cabíveis.*

Note que o dever aqui descrito, no *caput* do artigo 7º não pode ser interpretado em todas as situações como um dever legal sujeito à sanção por sua omissão, exceto nas hipóteses em que a lei prever, mas na verdade como um dever moral a ser cumprido por todos. Em algumas hipóteses, pode vir a caracterizar um ato ilícito a sua omissão, para exemplificar vamos nos valer dos ensinamentos de Cristiano Chaves de Farias[13]:

> *(...) é da essência da noção de dever de obrigatoriedade de sua observância, de tal forma que eventual não atendimento se constitua em ato ilícito. Nessa linha de raciocínio, não nos parece que a todos se imponha o dever de comunicação, mas somente àqueles que, por disposição legal, se obrigue tal comunicação. Um exemplo pode ser mesmo encontrado nesta lei, bastando a consulta ao seu art. 26, que estabelece a notificação compulsória, à autoridade policial e ao Ministério Público, além dos Conselhos dos Direitos das Pessoas com Deficiência, pelos serviços de saúde públicos e privados, dos casos de violência (ou mera suspeita), praticada contra o deficiente. O mesmo se diga em relação a uma autori-*

---

13 Farias, Cristiano Chaves de, e coautores em Estatuto da Pessoa com Deficiência Comentado. 3ª edição. Salvador – BA, Editora Jus Podivm, pág. 48 e 49):

dade policial que, sabedor da prática de alguma forma de violência, deixa de proceder à respectiva comunicação à outra autoridade, competente para adotar as medidas cabíveis à espécie. Nesses casos é cabível se falar em dever, que uma vez não observados pode configurar a prática de infração administrativa ou mesmo penal, face ao conceito do crime de prevaricação trazido pelo art. 319 do Código Penal.

Os juízes e tribunais, não importando a especialidade ou sendo Tribunal Superior ou Supremo, pois a Lei não estabelece distinção, deverão enviar peças ao Ministério Público, dos elementos que os levaram a chegar à conclusão sobre violações aos direitos da Pessoas com Deficiência. O Ministério Público por sua vez, irá adotar o procedimento cabível para cessar, ou ainda, para possível penalização dos responsáveis e/ou participantes. Seja através do requerimento de instauração de um inquérito policial, uma ação civil pública (vide texto da Lei 7.853/1989 abaixo colacionado) ou quaisquer outros meios admitidos em Direito.

Art. 3º As medidas judiciais destinadas à proteção de interesses coletivos, difusos, individuais homogêneos e individuais indisponíveis da pessoa com deficiência poderão ser propostas pelo Ministério Público, pela Defensoria Pública, pela União, pelos Estados, pelos Municípios, pelo Distrito Federal, por associação constituída há mais de 1 (um) ano, nos termos da lei civil, por autarquia, por empresa pública e por fundação ou sociedade de economia mista que inclua, entre suas finalidades institucionais, a proteção dos interesses e a promoção de direitos da pessoa com deficiência.

O Estado, através de programas e políticas, a sociedade – devido à aplicação de princípios Éticos como a fraternidade e o bem ao próximo – e a família devem garantir que a pessoa com deficiência tenha condições de exercer seus direitos e liberdades fundamentais, assim como qualquer pessoa tem direito a ter direitos, não é diferente, e não poderia ser em relação a pessoa com deficiência, uma parte considerável dos direitos descritos no artigo 8º do Estatuto da Pessoa com Deficiência (abaixo colacionado) são assegurados a todos, e possuem previsão também na Constituição Federal, nossa lei maior. Em relação às pessoas com deficiência esses direitos devem ser assegurados com prioridade em sua efetivação., ou seja, com preferência em relação as demais pessoas.

> *Art. 8º É dever do Estado, da sociedade e da família assegurar à pessoa com deficiência, com prioridade, a efetivação dos direitos referentes à vida, à saúde, à sexualidade, à paternidade e à maternidade, à alimentação, à habitação, à educação, à profissionalização, ao trabalho, à previdência social, à habilitação e à reabilitação, ao transporte, à acessibilidade, à cultura, ao desporto, ao turismo, ao lazer, à informação, à comunicação, aos avanços científicos e tecnológicos, à dignidade, ao respeito, à liberdade, à convivência familiar e comunitária, entre outros decorrentes da Constituição Federal, da Convenção sobre os Direitos das Pessoas com Deficiência e seu Protocolo Facultativo e das leis e de outras normas que garantam seu bem-estar pessoal, social e econômico.*

Para Cristiano Chaves de Farias[14]:

> *Uma síntese desses direitos permite identificar a ratio legis, consistente em propiciar, ao deficiente, uma proteção quanto a seus bens mais fundamentais (vida, saúde, trabalho, previdência social etc.), à sua autodeterminação (sexualidade, paternidade e maternidade), e à sua integração na sociedade (cultura, desporto, turismo, lazer etc.) Neste último tópico, é possível detectar a preocupação do legislador em inserir o deficiente na sociedade, o quanto mais possível, tal qual aquele que não ostenta nenhum déficit físico. O professor português Jorge Miranda,*

---

14 Farias, Cristiano Chaves de, e coautores em Estatuto da Pessoa com Deficiência Comentado. 3ª edição. Salvador – BA, Editora Jus Podivm, pág. 51 e 52

a propósito, ensina que "as pessoas com deficiência não têm de viver em mundos fechados; nenhuma forma ou intenção de os proteger pode conduzir ao isolamento ou à segregação. Pelo contrário, como membros da comunidade devem exercer os direitos gerais de participação quer na área onde habitem, quer nas diversas instâncias culturais, religiosas, profissionais, associativas e partidárias, quer nas eleições e nas outras actividades políticas" (acessado pelo site www.inr.pt).

9. DO ATENDIMENTO PRIORITÁRIO

A Lei 10.048/2000 concede atendimento prioritário às pessoas que especifica, e dá outas providências.

Segundo esta lei, terão atendimento prioritário os idosos com idade igual ou superior a 60 (sessenta) anos, as gestantes, as lactantes, as pessoas com crianças de colo e os obesos, nos termos definidos no mesmo diploma legal.

Referida legislação define que as repartições públicas e empresas concessionárias de serviços públicos estão obrigadas a dispensar atendimento prioritário, por meio de serviços individualizados que assegurem tratamento diferenciado e atendimento imediato. Sendo assim, repartições públicas e concessionárias de serviços públicos necessitam conceder o atendimento prioritário. Dito atendimento deve ser feito por meio de serviços individualizados que assegurem o tratamento diferenciado, ou seja, devem atender a necessidade individual da pessoa, independente da deficiência que ela possua.

Como exemplo, podemos citar a necessidade de projeto arquitetônico que permita uma pessoa com deficiência física ter acesso aos diversos setores que necessite, para ter acesso ao serviço público, assim como um atendimento por pessoa capacitada para uso de interpretação de LIBRAS (Língua Brasileira de Sinais).

É claro que nem sempre iremos constatar a concessão imediata de todos os meios de acessibilidade, até por uma questão orçamentária, o importante é que haja o oferecimento do serviço, e não haja óbice à prestação dele pela ausência de acessibilidade, mesmo que para isso se tenha que utilizar de adaptações razoáveis ou outros meios que permitam a entrega do serviço, como por exemplo, um prédio que esteja com o elevador em manutenção, cujo serviço demandado por uma pessoa cadeirante esteja localizado no 3º andar, e que momentaneamente só pode ser acessado por escadas. Até mesmo pela aplicação da proporcionalidade e razoabilidade, princípios regentes da Administração Pública, seria crível que um funcionário se desloque até o térreo para que aquela pessoa possa ser atendida, isso é um exemplo da individualização, tendo em conta a necessidade da pessoa.

Além disso, o atendimento prioritário também tem dentro de seu elemento constitutivo o atendimento imediato, que se materializa no atendimento feito no momento de sua solicitação, ou logo após o atendimento que está sendo prestado. Visando dar cumprimento aos ditames legais, muitas vezes, são criados guichês de atendimento específicos para as pessoas que possuem a necessidade do atendimento prioritário, a exemplo dos guichês de atendimento nas instituições financeiras, que também se submetem ao disposto na lei.

Vide disposto em lei:

> *Art. 1º As pessoas com deficiência, os idosos com idade igual ou superior a 60 (sessenta) anos, as gestantes, as lactantes, as pessoas com crianças de colo e os obesos terão atendimento prioritário, nos termos desta Lei.*
>
> *Art. 2º As repartições públicas e empresas concessionárias de serviços públicos estão obrigadas a dispensar atendimento prioritário, por meio de serviços individualizados que assegurem tratamento diferenciado e atendimento imediato às pessoas a que se refere o art. 1º.*
>
> *Parágrafo único. É assegurada, em todas as instituições financeiras, a prioridade de atendimento às pessoas mencionadas no art. 1º.*

Além disso, a lei em seu artigo 3º determina que as empresas públicas de transporte e as concessionárias de transporte coletivo reservarão assentos, devidamente identificados, aos idosos, gestantes, lactantes, pessoas portadoras de deficiência e pessoas acompanhadas por crianças de colo.

Em seu artigo 4º é disposto que os locais destinados ao trânsito público, bem como os sanitários públicos e edifícios de uso público (como exemplo, os postos unificados de atendimento multissetorial, denominados em algumas regiões como Poupatempo, Ganha Tempo etc.), devem atender as normas de construção, para obter sua licença de modo a possuírem acessibilidade.

> *Art. 4º Os logradouros e sanitários públicos, bem como os edifícios de uso público, terão normas de construção, para efeito de licenciamento da respectiva edificação, baixadas pela autoridade competente, destinadas a facilitar o acesso e uso desses locais pelas pessoas portadoras de deficiência.*

Alguns tipos de deficiência inviabilizam mais ou menos o deslocamento pelo território nacional, o serviço de transporte coletivo deve também prover acessibilidade, exemplo são os elevadores instalados em ônibus para que as pessoas que utilizam cadeira de rodas possam fazer o seu embarque, com consequente alocação no espaço respectivo para seguimento da viagem em segurança. Conforme artigo 5º:

> *Art. 5º Os veículos de transporte coletivo a serem produzidos após doze meses da publicação desta Lei serão planejados de forma a facilitar o acesso a seu interior das pessoas portadoras de deficiência.*
>
> *§ 1º (VETADO)*
>
> *§ 2º Os proprietários de veículos de transporte coletivo em utilização terão o prazo de cento e oitenta dias, a contar da regulamentação desta Lei, para proceder às adaptações necessárias ao acesso facilitado das pessoas portadoras de deficiência.*

Direito das Pessoas com Deficiência | 59

Para que a Lei não se torne inócua, foram previstas penalidades em caso de descumprimento de suas determinações. O descumprimento da Lei 10.048/2000 tem como sanções o disposto no artigo 6º:

> *I – no caso de servidor ou de chefia responsável pela repartição pública, às penalidades previstas na legislação específica;*
>
> *II – no caso de empresas concessionárias de serviço público, a multa de R$ 500,00 (quinhentos reais) a R$ 2.500,00 (dois mil e quinhentos reais), por veículos sem as condições previstas nos arts. 3º e 5º;*
>
> *III – no caso das instituições financeiras, às penalidades previstas no art. 44, incisos I, II e III, da Lei nº 4.595, de 31 de dezembro de 1964.*
>
> *Parágrafo único. As penalidades de que trata este artigo serão elevadas ao dobro, em caso de reincidência.*

Como já dito anteriormente, o Brasil quando da concordância e posterior ratificação da Convenção Internacional da Pessoa com Deficiência e seu protocolo facultativo se comprometeu a manter a legislação já existente, desde que mais benéfica, aplicável a pessoa com deficiência, complementando assim os preceitos do Estatuto da Pessoa com Deficiência. Por isso, as disposições da Lei 10.048/2000 permanecem válidas, não obstante, o atendimento prioritário não se restringe somente ao disposto neste diploma, possuindo também lastro legal na Lei. 13.146/2015:

> *Art. 9º A pessoa com deficiência tem direito a receber atendimento prioritário, sobretudo com a finalidade de:*
>
> *I – proteção e socorro em quaisquer circunstâncias;*
>
> *II – atendimento em todas as instituições e serviços de atendimento ao público;*
>
> *III – disponibilização de recursos, tanto humanos quanto tecnológicos, que garantam atendimento em igualdade de condições com as demais pessoas;*

IV – disponibilização de pontos de parada, estações e terminais acessíveis de transporte coletivo de passageiros e garantia de segurança no embarque e no desembarque;

V – acesso a informações e disponibilização de recursos de comunicação acessíveis;

VI – recebimento de restituição de imposto de renda;

VII – tramitação processual e procedimentos judiciais e administrativos em que for parte ou interessada, em todos os atos e diligências.

§ 1º Os direitos previstos neste artigo são extensivos ao acompanhante da pessoa com deficiência ou ao seu atendente pessoal, exceto quanto ao disposto nos incisos VI e VII deste artigo.

§ 2º Nos serviços de emergência públicos e privados, a prioridade conferida por esta Lei é condicionada aos protocolos de atendimento médico.

Perceba que a lei Brasileira de Inclusão da Pessoa com Deficiência aumenta as hipóteses de atendimento prioritário. O inciso I, trata da proteção e socorro em quaisquer circunstâncias, as expressões utilizadas na Lei denotam um grau de aplicação muito vasto e extenso, assemelhando-se mais a princípios do que as normas propriamente ditas, para exemplificar imagine os dois exemplos abaixo:

1) Proteção: imagine que duas mulheres vítimas de violência, no mesmo momento, alegando violência doméstica e familiar, comprovada por laudos periciais e outros meios de prova que demonstram até mesmo ameaças contra a vida delas (condutas também previstas na Lei 11.340/2006) solicitam aos órgãos de policiamento acompanhamento para retirada de roupas de dentro do ambiente familiar para alocar-se na casa de familiar momentaneamente, até deferimento de

medidas protetivas solicitadas. Ainda, que exista referida possibilidade por parte dos órgãos policiais. Agora, imagine que uma mulher é pessoa com deficiência e a outra não, e que os órgãos policiais não possuem pessoal e equipamento para atender as duas requisições simultaneamente. Sendo assim, deverá ser dada prioridade a mulher com deficiência, pois de acordo com a Lei goza de prioridade para proteção.

Ou ainda, imagine que governo federal disponibilize um programa de proteção à testemunha, contudo os recursos são limitados, e no momento só existe um vaga que possa ser preenchida, neste caso daremos prioridade a uma pessoa com deficiência, caso tenhamos que fazer esta escolha.

2) Socorro: imagine que ocorra um desabamento de dois prédios vizinhos, e que os bombeiros e a defesa civil não possuem condições de fazer a busca por sobreviventes simultaneamente pela falta de pessoal, e que não existam elementos suficientes para aplicação de protocolos que levem conta a situação de maior vulnerabilidade das pessoas a serem buscadas, ou seja, os socorristas não tem como definir quem precisa de atendimento mais rápido, devido às circunstâncias, em tese, as buscas por sobreviventes para prestar socorro devem começar no prédio que tenha pessoa com deficiência. É claro que esta é uma situação hipotética, e no caso concreto, nem sempre é possível a observância, como por exemplo, o fato de um prédio estar atrás do outro e ser necessário deslocamento de maquinário etc. Ou ainda, protocolos específicos que determinem a busca inicialmente em um ou outro prédio e os protocolos de atendimento médico.

O inciso II, trata do atendimento em todas as instituições e serviços de atendimento ao público, neste inciso temos uma ampliação dos conceitos de atendimento prioritário previstos na Lei 10.098/2000, pois aqui não é restrito as repartições públicas, concessionárias de serviço público e instituições financeiras, mas a todas instituições e serviços de atendimento ao público, onde houver atendimento ao público deve ser oferecida referida prioridade, nem sempre as instituições e serviços possuem guichês especializados, até por uma questão orçamentária e de estratégia empresarial, e este simples fato não pode ser considerado como uma violação à lei, desde que de algum modo, ofereçam a prioridade, como por exemplo a observância das pessoas que estão na fila, ou ainda, uma comunicação de que elas tem direito à prioridade, bastando sua solicitação.

Em cumprimento ao previsto no artigo 8º do Estatuto da Pessoa com Deficiência a própria sociedade deveria permitir que ocorresse esta prioridade, sem nem mesmo ter que haver solicitação por parte da pessoa, contudo, não poderemos esperar por ações afirmativas advindas da aplicação de princípios éticos e morais, devendo haver realmente uma disposição legal que reconheça essa necessidade.

O inciso III dispõe sobre a disponibilização de recursos, tanto humanos quanto tecnológicos, que garantam atendimento em igualdade de condições com as demais pessoas.

O inciso citado acima reflete a necessidade de acessibilidade para que a pessoa com deficiência possa exercer em condições de igualdade com as demais pessoas seus direitos e liberdades. Um exemplo de referido preceito é o previsto na Lei 7.853/1989 que dispõe sobre o apoio às pessoas portadoras de deficiência, sua integração social, sobre a Coordenadoria Nacional para Integração da Pessoa Portadora de Deficiência – Corde, institui a tutela jurisdicional de interesses coletivos ou difusos dessas pessoas, disciplina a atuação do Ministério Público, define crimes, e dá outras providências, que em seu artigo 2º prevê:

> Art. 2º Ao Poder Público e seus órgãos cabe assegurar às pessoas portadoras de deficiência o pleno exercício de seus direitos básicos, inclusive dos direitos à educação, à saúde, ao trabalho, ao lazer, à previdência social, ao amparo à infância e à maternidade, e de outros que,

decorrentes da Constituição e das leis, propiciem seu bem-estar pessoal, social e econômico.

Parágrafo único. Para o fim estabelecido no caput *deste artigo, os órgãos e entidades da administração direta e indireta devem dispensar, no âmbito de sua competência e finalidade, aos assuntos objetos esta Lei, tratamento prioritário e adequado, tendente a viabilizar, sem prejuízo de outras, as seguintes medidas:*

I – na área da educação:

a) a inclusão, no sistema educacional, da Educação Especial como modalidade educativa que abranja a educação precoce, a pré-escolar, as de 1º e 2º graus, a supletiva, a habilitação e reabilitação profissionais, com currículos, etapas e exigências de diplomação próprios;

b) a inserção, no referido sistema educacional, das escolas especiais, privadas e públicas;

c) a oferta, obrigatória e gratuita, da Educação Especial em estabelecimento público de ensino;

d) o oferecimento obrigatório de programas de Educação Especial a nível pré-escolar, em unidades hospitalares e congêneres nas quais estejam internados, por prazo igual ou superior a 1 (um) ano, educandos portadores de deficiência;

e) o acesso de alunos portadores de deficiência aos benefícios conferidos aos demais educandos, inclusive material escolar, merenda escolar e bolsas de estudo;

f) a matrícula compulsória em cursos regulares de estabelecimentos públicos e particulares de pessoas portadoras de deficiência capazes de se integrarem no sistema regular de ensino;

II – na área da saúde:

a) a promoção de ações preventivas, como as referentes ao planejamento familiar, ao aconselhamento genético, ao acompanhamento da gravidez, do parto e do puerpério, à nutrição da mulher e da criança, à identificação e ao controle da gestante e do feto de alto risco, à imunização, às doenças do metabolismo e seu diagnóstico e ao encaminhamento precoce de outras doenças causadoras de deficiência;

b) o desenvolvimento de programas especiais de prevenção de acidente do trabalho e de trânsito, e de tratamento adequado a suas vítimas;

c) a criação de uma rede de serviços especializados em reabilitação e habilitação;

d) a garantia de acesso das pessoas portadoras de deficiência aos estabelecimentos de saúde públicos e privados, e de seu adequado tratamento neles, sob normas técnicas e padrões de conduta apropriados;

e) a garantia de atendimento domiciliar de saúde ao deficiente grave não internado;

f) o desenvolvimento de programas de saúde voltados para as pessoas portadoras de deficiência, desenvolvidos com a participação da sociedade e que lhes ensejem a integração social;

III – na área da formação profissional e do trabalho:

a) o apoio governamental à formação profissional, e a garantia de acesso aos serviços concernentes, inclusive aos cursos regulares voltados à formação profissional;

b) o empenho do Poder Público quanto ao surgimento e à manutenção de empregos, inclusive de tempo parcial, destinados às pessoas portadoras de deficiência que não tenham acesso aos empregos comuns;

c) a promoção de ações eficazes que propiciem a inserção, nos setores públicos e privado, de pessoas portadoras de deficiência;

d) a adoção de legislação específica que discipline a reserva de mercado de trabalho, em favor das pessoas *portadoras de deficiência, nas entidades da Administração Pública e do setor privado, e que regulamente a organização de oficinas e congêneres integradas ao mercado de trabalho, e a situação, nelas, das pessoas portadoras de deficiência;*

IV – na área de recursos humanos:

a) a formação de professores de nível médio para a Educação Especial, de técnicos de nível médio especializados na habilitação e reabilitação, e de instrutores para formação profissional;

b) a formação e qualificação de recursos humanos que, nas diversas áreas de conhecimento, inclusive de nível superior, atendam à demanda e às necessidades reais das pessoas portadoras de deficiências;

c) o incentivo à pesquisa e ao desenvolvimento tecnológico em todas as áreas do conhecimento relacionadas com a pessoa portadora de deficiência;

V – na área das edificações:

a) a adoção e a efetiva execução de normas que garantam a funcionalidade das edificações e vias públicas, que evitem ou removam os óbices às pessoas portadoras de deficiência, permitam o acesso destas a edifícios, a logradouros e a meios de transporte.

O inciso IV do artigo 9º do Estatuto da Pessoa com Deficiência prevê a disponibilização de pontos de parada, estações e terminais acessíveis de transporte coletivo de passageiros e garantia de segurança no embarque e no desembarque.

O transporte público deve prover a acessibilidade para que a pessoa com deficiência possa exercer em condições de igualdade com as demais pessoas o seu direito de locomoção, ir, vir e ficar, deste modo, os pontos de parada, como pontos de ônibus, as estações, como exemplo estações de trens e metrôs, e terminais, devem possuir acessibilidade para que pessoa com deficiência tenha condições de aguardar para seu embarque, embarcar e desembarcar com segurança e autonomia.

Os veículos e transporte coletivo também deverão preencher critérios de acessibilidade, conforme previsão da Lei 10.098/2000:

> *Art. 16. Os veículos de transporte coletivo deverão cumprir os requisitos de acessibilidade estabelecidos nas normas técnicas específicas.*

Complementado pela Lei 10.048/2000 que faz a seguinte previsão:

> *Art. 5º Os veículos de transporte coletivo a serem produzidos após doze meses da publicação desta Lei serão planejados de forma a facilitar o acesso a seu interior das pessoas portadoras de deficiência.*
>
> *§ 1º (VETADO)*
>
> *§ 2º Os proprietários de veículos de transporte coletivo em utilização terão o prazo de cento e oitenta dias, a contar da regulamentação desta Lei, para proceder às adaptações necessárias ao acesso facilitado das pessoas portadoras de deficiência.*

Sendo que a inobservância a referido preceito sujeita o responsável a:

> *Art. 6º A infração ao disposto nesta Lei sujeitará os responsáveis:*
>
> *II – no caso de empresas concessionárias de serviço público, a multa de R$ 500,00 (quinhentos reais) a R$ 2.500,00 (dois mil e quinhentos reais), por veículos sem as condições previstas nos arts. 3º e 5º;*

O inciso V do artigo 9º da Lei Brasileira de Inclusão da Pessoa com Deficiência determina o atendimento prioritário sobretudo com a finalidade de acesso a informações e disponibilização de recursos de comunicação acessíveis. O acesso à informação é um direito fundamental garantido pela Constituição Federal, vejamos as principais disposições constitucionais sobre o tema:

Art. 5º Todos são iguais perante a lei, sem distinção de qualquer natureza, garantindo-se aos brasileiros e aos estrangeiros residentes no País a inviolabilidade do direito à vida, à liberdade, à igualdade, à segurança e à propriedade, nos termos seguintes:

XIV – é assegurado a todos o acesso à informação e resguardado o sigilo da fonte, quando necessário ao exercício profissional;

XXXIII – todos têm direito a receber dos órgãos públicos informações de seu interesse particular, ou de interesse coletivo ou geral, que serão prestadas no prazo da lei, sob pena de responsabilidade, ressalvadas aquelas cujo sigilo seja imprescindível à segurança da sociedade e do Estado;

Art. 37. A administração pública direta e indireta de qualquer dos Poderes da União, dos Estados, do Distrito Federal e dos Municípios obedecerá aos princípios de legalidade, impessoalidade, moralidade, publicidade e eficiência e, também, ao seguinte:

§ 3º A lei disciplinará as formas de participação do usuário na administração pública direta e indireta, regulando especialmente:

I – as reclamações relativas à prestação dos serviços públicos em geral, asseguradas a manutenção de serviços de atendimento ao usuário e a avaliação periódica, externa e interna, da qualidade dos serviços;

II – o acesso dos usuários a registros administrativos e a informações sobre atos de governo, observado o disposto no art. 5º, X e XXXIII;

III – a disciplina da representação contra o exercício negligente ou abusivo de cargo, emprego ou função na administração pública.

Art. 216. Constituem patrimônio cultural brasileiro os bens de natureza material e imaterial, tomados indi-

vidualmente ou em conjunto, portadores de referência à identidade, à ação, à memória dos diferentes grupos formadores da sociedade brasileira, nos quais se incluem:

§ 2º Cabem à administração pública, na forma da lei, a gestão da documentação governamental e as providências para franquear sua consulta a quantos dela necessitem.

No atual momento que a sociedade vivencia, a informação passou a ser um dos seus ativos mais valiosos, uma vez que com ela, podemos adquirir conhecimento, maximizar lucros, evitar prejuízos, evoluir como seres humanos e muitos mais.

Deste modo, a pessoa com deficiência não poderia ficar de fora do recebimento de informações de maneira acessível, esta acessibilidade não se restringe somente a equipamentos, como por exemplo, impressão e itinerário em braile em órgãos públicos, mas também a capacitação de servidores e funcionários aptos a receber as demandas das pessoas com deficiência e orientá-las com relação aos procedimentos pertinentes, para cumprimento de referida disposição podemos citar como exemplo o previsto na resolução nº 230/2016 revogada pela resolução nº 401/2021 do CNJ:

Art. 4º Para promover a acessibilidade, o Poder Judiciário deverá, entre outras atividades, implementar:

I – o uso da Língua Brasileira de Sinais (Libras), do Braille, da audiodescrição, da subtitulação, da comunicação aumentativa e alternativa, e de todos os demais meios, modos e formatos acessíveis de comunicação;

II – a nomeação de tradutor(a) e intérprete de Libras, sempre que figurar no processo pessoa com deficiência auditiva, escolhido dentre aqueles devidamente habilitados e aprovados em curso oficial de tradução e interpretação de Libras ou detentores do certificado de proficiência em Libras;

Direito das Pessoas com Deficiência | 69

*III – a nomeação ou permissão de utilização de guia-
-intérprete, sempre que figurar no processo pessoa sur-
docega, o(a) qual deverá prestar compromisso;*

IV – a oferta de atendimento ao público em Libras;

*V – recursos de tecnologia assistiva disponíveis para
possibilitar à pessoa com deficiência o acesso universal,
inclusive, aos portais da internet e intranet, ambientes
virtuais de aprendizagem, sistemas judiciários e administrativos, adotando-se os princípios e as diretrizes
internacionais de acessibilidade aplicáveis à implementação de sistemas e conteúdos na web;*

*VI – recursos de acessibilidade nas comunicações televi-
sionadas ou em vídeos no formato on-line;*

*VII – a adoção de todas as normas técnicas de acessibi-
lidade na construção, na reforma, na locação, na ampliação ou na mudança de uso de edificações, priman-
do-se pela adoção do desenho universal e garantindo-se
as adaptações razoáveis;*

*VIII – adaptações arquitetônicas e urbanísticas, obser-
vados os limites de sua competência, que permitam a
acessibilidade e a livre movimentação, com independência e segurança, da pessoa com deficiência, tais
como rampas, elevadores, vagas de estacionamento
próximas aos locais de atendimento e acesso facilitado para a circulação de transporte público nos locais
dos postos de trabalho e atendimento ao público, tendo
como referência as normas vigentes;*

*IX – a adaptação de mobiliário adequado que atenda
aos princípios do desenho universal e às necessidades
das pessoas com deficiência ou mobilidade reduzida;*

*X – a adequação dos sistemas informatizados de tra-
mitação processual dos órgãos do Poder Judiciário, a
fim de que seja assegurado o andamento prioritário,
em todos os atos e diligências, nos processos judiciais
e administrativos em que a pessoa com deficiência seja
parte ou interessada;*

XI – parcerias e cooperações com Tribunais e outras instituições, nacionais ou internacionais;

XII – medidas de facilitação ao acesso e à obtenção de informações e certidões que tenham como objetivo constituir documentação necessária para instruir procedimentos, judiciais ou extrajudiciais, que busquem garantir a defesa de direitos coletivos, difusos e individuais homogêneos de pessoas com deficiência;

XIII – a adequação de procedimentos judiciais que garantam a acessibilidade isonômica aos serviços da justiça e a prestação jurisdicional sem barreiras;

Art. 9º Cada órgão do Poder Judiciário deverá dispor de, pelo menos, 5% (cinco por cento) de servidores(as) com capacitação básica em Libras, nos termos do Decreto nº 9.656/2018.

A Lei nº 13.146/2015 alterou a Lei nº 9.250/1995 que altera a legislação do imposto de renda das pessoas físicas para incluir a preferência na restituição do Imposto de renda para pessoa com deficiência ou contribuinte que tenha dependente nessa condição. A medida visa que a pessoa com deficiência tenha prioridade no recebimento destes valores para que possa fazer frente às suas necessidades, para isto, a pessoa com deficiência deve declarar que é pessoa com deficiência, ou que possui dependente nesta condição.

A prioridade de tramitação nos processos administrativos foi assegurada com o advento da Lei 12.008/2009 que alterou dispositivos da Lei nº 9.784/1999 que regula o processo administrativo em âmbito federal, em seu artigo 4º garantiu que terão prioridade na tramitação, em qualquer órgão ou instância, os procedimentos administrativos em que figure como parte ou interessado pessoa portadora de deficiência, física ou mental. Note que o artigo 4º, II, embora cite apenas a deficiência física e mental, referido benefício deve ser estendido, a meu ver, também às pessoas com deficiências sensoriais, por analogia, desde que referida prioridade seja suscitada e necessária para o caso em análise, posicionamento também adotado pelo ilustre Dr. Lauro Luiz Gomes Ribeiro, abaixo colacionado.

Em referência a tramitação processual e procedimentos judiciais e administrativos em que for parte ou interessada, em todos os atos e diligências, o Estatuto assegura referida prioridade de tramitação, contudo referido benefício deve ser interpretado sistemicamente em conjunto com as demais legislações, o Código de Processo Civil, restringe mais a concessão de referido benefício:

> *Art. 1.048. Terão prioridade de tramitação, em qualquer juízo ou tribunal, os procedimentos judiciais:*
>
> *I – em que figure como parte ou interessado pessoa com idade igual ou superior a 60 (sessenta) anos ou portadora de doença grave, assim compreendida qualquer das enumeradas no art. 6º, inciso XIV, da Lei nº 7.713, de 22 de dezembro de 1988;*
>
> *II – regulados pela Lei nº 8.069, de 13 de julho de 1990 (Estatuto da Criança e do Adolescente).*
>
> *III – em que figure como parte a vítima de violência doméstica e familiar, nos termos da Lei nº 11.340, de 7 de agosto de 2006 (Lei Maria da Penha).*
>
> *IV – em que se discuta a aplicação do disposto nas normas gerais de licitação e contratação a que se refere o inciso XXVII do* caput *do art. 22 da Constituição Federal.*
>
> *§ 1º A pessoa interessada na obtenção do benefício, juntando prova de sua condição, deverá requerê-lo à autoridade judiciária competente para decidir o feito, que determinará ao cartório do juízo as providências a serem cumpridas.*
>
> *§ 2º Deferida a prioridade, os autos receberão identificação própria que evidencie o regime de tramitação prioritária.*
>
> *§ 3º Concedida a prioridade, essa não cessará com a morte do beneficiado, estendendo-se em favor do cônjuge supérstite ou do companheiro em união estável.*

§ 4º A tramitação prioritária independe de deferimento pelo órgão jurisdicional e deverá ser imediatamente concedida diante da prova da condição de beneficiário.

A prioridade prevista no Estatuto não restringe as situações de sua concessão, ao contrário do que prevê o Código de Processo Civil, desta maneira, inicialmente a referida prioridade deve ser requisitada ao juiz, tribunal e/ou autoridade no momento do ingresso da ação ou do procedimento, em minha visão a ausência de previsão de situações restritivas não pode servir de generalismo hábil a cercear direitos e liberdades das demais pessoas, desta maneira, embora a pessoa com deficiência, em tese goze desta prioridade de tramitação, é importante que seja avaliado caso a caso, a necessidade de concessão de referido benefício comparado com outras situações que também podem ocasionar prejuízo ao requerente.

Apenas para elucidar um pouco mais o entendimento, imagine um pedido liminar de uma pessoa com deficiência para fornecimento de tecnologia assistiva no ambiente educacional, e um pedido liminar de uma pessoa sem deficiência para cirurgia emergencial por risco de morte, ambos são prioritários, contudo o direito à Educação, para ter acesso à escola, embora seja imprescindível, não deve ser comparado com o direito à vida de outra pessoa, deste modo, a prioridade de tramitação deve ser concedida e reconhecida para pessoas com deficiência que se encontrem em situações similares, com lesões a direitos parecidos em relação as demais pessoas. Sem embargo, havendo dois pedidos judiciais que se refiram ao ingresso em uma determinada Universidade Pública, um por parte da pessoa com deficiência e outro por parte de pessoa sem deficiência, aqui sim, deve ser reconhecida a prioridade de tramitação.

Nesta esteira, segundo Lauro Luiz Gomes Ribeiro[15]:

A Lei nº 12.008/2009 alterou a Lei nº 9.784/1999, para acrescentar o art. 69-A, com a seguinte redação: "Art.

---

15 Ribeiro, Lauro Luiz Gomes (Doutor) em Manual dos Direitos da Pessoa com Deficiência. 1ª edição. São Paulo – SP, Editora Verbatim, 2010, pág. 105.

69-A: Terão prioridade na tramitação, em qualquer órgão ou instância, os procedimentos administrativos em que figure como parte ou interessado: (...)

II – pessoa portadora de deficiência, física ou mental". É certo que este privilégio processual também se estende as deficiências sensoriais (visão, audição e fala), por inexistir razão lógica para sua exclusão, além do fato de ser corriqueiro o legislativo incluir tal deficiência dentre a deficiência física.

Referida lei nº 12.008/2009 ainda estabelece prioridade em procedimentos judiciais, mas não se aplica às pessoas com deficiência porque fala em "pessoa portadora de doença grave", situação não equiparada a de pessoa com deficiência, como destacamos no decorrer deste estudo.

Todavia em São Paulo, o Conselho Superior da Magistratura estabeleceu a prioridade no julgamento, em primeira e segunda instância, de processos em que seja parte ou interveniente pessoa com deficiência, desde que a controvérsia em juízo esteja relacionada à própria deficiência (Provimento CSM nº 1015/2005).

A resolução CNJ nº 401/2021 transcreve a mesma situação da Lei Brasileira de Inclusão, havendo maior detalhamento quanto a necessidade de o Poder Judiciário adequar os sistemas informatizados para assegurar o andamento prioritário.

Art. 4º Para promover a acessibilidade, o Poder Judiciário deverá, entre outras atividades, implementar:

X – a adequação dos sistemas informatizados de tramitação processual dos órgãos do Poder Judiciário, a fim de que seja assegurado o andamento prioritário, em todos os atos e diligências, nos processos judiciais e administrativos em que a pessoa com deficiência seja parte ou interessada;

Sendo assim, é justo qualquer pedido de prioridade de tramitação em processos judiciais e administrativos que tenham como parte a pessoa com deficiência, devendo o Poder Judiciário avaliar o bem jurídico tutelado, o perigo de dano, a difícil reparação dele e compará-lo entre os diversos pedidos do mesmo tipo para que haja uma prioridade que não seja injusta e ao mesmo tempo que seja efetiva.

Os direitos previstos no artigo 9º do Estatuto da Pessoa com Deficiência devem ser extensíveis também ao acompanhante e ao atendente pessoal, com exceção dos incisos VI e VII. Como exemplo, imagine que compareça ao cinema uma pessoa com deficiência junto com seu amigo (acompanhante), ao comprar seu ingresso e ao ingressar na sala a pessoa com deficiência e seu acompanhante devem ter a prioridade de atendimento asseguradas.

O previsto no § 2º do artigo 9º é muito bem elucidado nas palavras de Cristiano Chaves de Farias[16]:

> *Por óbvio que, em se tratando de atendimento médico, nem sempre a condição de deficiente garantirá prioridade. Por vezes, o estado de uma pessoa que não se encaixe nesse conceito é grave a ponto de merecer imediato atendimento em detrimento do deficiente que deverá aguardar. Um jovem vítima de acidente de trânsito, que apresente lesões sérias, decerto que será atendido antes de um deficiente que suporta singela dor de cabeça. O critério a ser observado, portanto, deve se orientar, segundo o médico, pela urgência no atendimento, a exigir a tomada de medidas imediatas e não pela condição pessoal do indivíduo. Agora, estando todos em igualdade de condições, terá então prioridade o deficiente.*

---

16 Farias, Cristiano Chaves de, e coautores em Estatuto da Pessoa com Deficiência Comentado. 3ª edição. Salvador – BA, Editora Jus Podivm, pág. 57)

DOS DIREITOS FUNDAMENTAIS

10. DO DIREITO À VIDA

Ao analisarmos os diversos direitos que compõem os direitos fundamentais, como direito à vida, direito ao patrimônio, direitos de personalidade, direito de locomoção, entre muitos outros, podemos verificar que, embora, em muitos casos, seja difícil elencar uma importância maior ou menor entre eles, não restam dúvidas que o direito à vida é o mais importante direito que a condição de vida humana pode ensejar, pois de nada adianta poder constituir patrimônio, ou poder circular livremente no território nacional não estando vivo para poder usufruir. A todos deve ser assegurado o direito à vida. Tanto que nossa Constituição Federal proíbe a pena de morte, em situação que não seja de guerra declarada:

> *Art. 5º Todos são iguais perante a lei, sem distinção de qualquer natureza, garantindo-se aos brasileiros e aos estrangeiros residentes no País a inviolabilidade do direito à vida, à liberdade, à igualdade, à segurança e à propriedade, nos termos seguintes:*
>
> *XLVII – não haverá penas:*
>
> *a) de morte, salvo em caso de guerra declarada, nos termos do art. 84, XIX;*
>
> *b) de caráter perpétuo;*
>
> *c) de trabalhos forçados;*
>
> *d) de banimento;*
>
> *e) cruéis;*

Referida proibição visa reconhecer o direito à vida assegurado a todos, independentemente de ser uma pessoa com deficiência ou não, contudo o Estatuto da Pessoa com Deficiência, ratificando posicionamento já adotado por nosso arcabouço jurídico prevê referido direito a pessoa com deficiência:

> *Art. 10. Compete ao poder público garantir a dignidade da pessoa com deficiência ao longo de toda a vida.*
>
> *Parágrafo único. Em situações de risco, emergência ou estado de calamidade pública, a pessoa com deficiência será considerada vulnerável, devendo o poder público adotar medidas para sua proteção e segurança.*

A dignidade da pessoa humana é um conceito que está em constante evolução, que nos permite conceituar de uma maneira singela como sendo um conjunto mínimo de direitos, liberdades, ações e omissões que visam assegurar a vida das pessoas com condições mínimas de subsistência. E diante do modelo de Estado adotado por nossa República Federativa, denominado *Welfare State*, o Poder Público deve ter diversas ações e programas que contemplem a possiblidade da pessoa alcançar este mínimo de dignidade.

Segundo a Lei 13.146/2015 a pessoa com deficiência não poderá ser obrigada a fazer uma intervenção clínica ou cirúrgica, a fazer determinado tratamento ou ser institucionalizada, sendo assim, a vontade da pessoa com deficiência deve ser respeitada, até por ser reconhecida sua plena capacidade civil, sendo preservada assim, sua autonomia e desejos, sua concordância em realizar referidos procedimentos deve ser manifestada de maneira livre, ou seja, sem coações ou pressões indevidas.

Não podemos olvidar que um aconselhamento de familiares e amigos não deve ser visto como uma coação, haja vista que a preocupação é com a própria vida dela.

A exceção sobre o consentimento da própria pessoa é na hipótese de a pessoa ser curatelada, nesta hipótese o curador poderá dar o consentimento no lugar da pessoa com deficiência para intervenção clínica ou cirúrgica, tratamento ou institucionalização, mas mesmo nesta hipótese, o consentimento deve ser obtido na maior medida possível.

A ciência através de pesquisas consegue descobrir novos métodos, procedimentos e medicamentos que diminuem o impacto das barreiras no exercício dos direitos e liberdades fundamentais da pessoa com deficiência, sendo assim, podem ser feitas pesquisas científicas com pessoas com deficiência, contudo iremos priorizar pessoas que não estão sendo tuteladas ou curateladas, pois seu consentimento será dado por ela mesma. Contudo caso não haja participantes que possam trazer os mesmos resultados e que não estejam sendo tutelados e curatelados, poderão ser feitas pesquisas também em pessoas com deficiência nesta condição (Tutela ou Curatela), mas de maneira excepcional e desde que haja indícios de benefício direto para sua saúde ou para a saúde de outras pessoas com deficiência.

Assim como é em relação as demais pessoas em casos de risco de morte e de emergência e m saúde a pessoa com deficiência poderá ser atendida sem seu consentimento. Imagine uma pessoa que está desacordada por um acidente de trânsito e que precisa de uma cirurgia emergencial para continuar viva, ou ainda, uma pessoa que está sofrendo um infarto do miocárdio, nestas situações o atendimento imediato é necessário para preservar sua vida. Não podendo ser aguardado que a pessoa tenha condições de conseguir exprimir sua vontade.

> *Art. 11. A pessoa com deficiência não poderá ser obrigada a se submeter a intervenção clínica ou cirúrgica, a tratamento ou a institucionalização forçada.*
>
> *Parágrafo único. O consentimento da pessoa com deficiência em situação de curatela poderá ser suprido, na forma da lei.*
>
> *Art. 12. O consentimento prévio, livre e esclarecido da pessoa com deficiência é indispensável para a realização de tratamento, procedimento, hospitalização e pesquisa científica.*
>
> *§ 1º Em caso de pessoa com deficiência em situação de curatela, deve ser assegurada sua participação, no maior grau possível, para a obtenção de consentimento.*
>
> *§ 2º A pesquisa científica envolvendo pessoa com deficiência em situação de tutela ou de curatela deve ser realizada, em caráter excepcional, apenas quando hou-*

ver indícios de benefício direto para sua saúde ou para a saúde de outras pessoas com deficiência e desde que não haja outra opção de pesquisa de eficácia comparável com participantes não tutelados ou curatelados.

Art. 13. A pessoa com deficiência somente será atendida sem seu consentimento prévio, livre e esclarecido em casos de risco de morte e de emergência em saúde, resguardado seu superior interesse e adotadas as salvaguardas legais cabíveis.

11. DO DIREITO À HABILITAÇÃO E À REABILITAÇÃO

A habilitação e a reabilitação, embora possuam conceitos similares, não são referências a mesma situação. A coincidência reside no fato de que ambas são um conjunto de procedimentos que visam aumentar a autonomia e independência da pessoa com deficiência. Cristiano Chaves de Farias[17] ensina que:

De se destacar, de plano, a distinção entre os institutos de habilitação e reabilitação profissional. Bem apanhada por Wladimir Novaes Martinez, para quem "habilitação não se confunde com reabilitação. A primeira é a preparação do inapto para exercer atividades, em decorrência de incapacidade física adquirida ou deficiência hereditária. A segunda pressupõe a pessoa ter tido aptidão e tê-la perdido por motivo de enfermidade ou acidente. Tecnicamente o deficiente não reabilitado e, sim habilitado" (Comentários à Lei Básica da Previdência Social, Brasília: Rede Brasil/LTr, 1999)

Para materializar estes conceitos, imagine uma pessoa com deficiência que nasceu com surdez, e após um processo de habi-

---

17 Farias, Cristiano Chaves de, e coautores em Estatuto da Pessoa com Deficiência Comentado. 3ª edição. Salvador – BA, Editora Jus Podivm, pág. 74):

litação aprendeu a ler lábios e ler a língua escrita, contudo, após um acidente de trabalho acabou ficando com cegueira total, desta maneira, ela deve ser reabilitada para comunicação tátil, ente outras formas de comunicação.

A Constituição Federal também prevê referidos institutos:

> *Art. 203. A assistência social será prestada a quem dela necessitar, independentemente de contribuição à seguridade social, e tem por objetivos:*
>
> *I – a proteção à família, à maternidade, à infância, à adolescência e à velhice;*
>
> *II – o amparo às crianças e adolescentes carentes;*
>
> *III – a promoção da integração ao mercado de trabalho;*
>
> ***IV – a habilitação e reabilitação das pessoas portadoras de deficiência e a promoção de sua integração à vida comunitária;***
>
> *V – a garantia de um salário mínimo de benefício mensal à pessoa portadora de deficiência e ao idoso que comprovem não possuir meios de prover à própria manutenção ou de tê-la provida por sua família, conforme dispuser a lei.*
>
> *VI – a redução da vulnerabilidade socioeconômica de famílias em situação de pobreza ou de extrema pobreza.*

Além da Constituição Federal, a própria Convenção Internacional da Pessoa com Deficiência que foi incorporada ao nosso ordenamento jurídico com status de emenda constitucional faz a seguinte previsão:

> *Artigo 16*
>
> *4.Os Estados Partes tomarão todas as medidas apropriadas para promover a recuperação física, cognitiva e psicológica, inclusive mediante a provisão de serviços de proteção, a reabilitação e a reinserção social de pes-*

soas com deficiência que forem vítimas de qualquer forma de exploração, violência ou abuso. Tais recuperação e reinserção ocorrerão em ambientes que promovam a saúde, o bem-estar, o autorrespeito, a dignidade e a autonomia da pessoa e levem em consideração as necessidades de gênero e idade.

Artigo 26

1.Os Estados Partes tomarão medidas efetivas e apropriadas, inclusive mediante apoio dos pares, para possibilitar que as pessoas com deficiência conquistem e conservem o máximo de autonomia e plena capacidade física, mental, social e profissional, bem como plena inclusão e participação em todos os aspectos da vida. Para tanto, os Estados Partes organizarão, fortalecerão e ampliarão serviços e programas completos de habilitação e reabilitação, particularmente nas áreas de saúde, emprego, educação e serviços sociais, de modo que esses serviços e programas:

a) Comecem no estágio mais precoce possível e sejam baseados em avaliação multidisciplinar das necessidades e pontos fortes de cada pessoa;

b) Apoiem a participação e a inclusão na comunidade e em todos os aspectos da vida social, sejam oferecidos voluntariamente e estejam disponíveis às pessoas com deficiência o mais próximo possível de suas comunidades, inclusive na zona rural.

2.Os Estados Partes promoverão o desenvolvimento da capacitação inicial e continuada de profissionais e de equipes que atuam nos serviços de habilitação e reabilitação.

3.Os Estados Partes promoverão a disponibilidade, o conhecimento e o uso de dispositivos e tecnologias assistivas, projetados para pessoas com deficiência e relacionados com a habilitação e a reabilitação.

Deste modo, podemos concluir que o Estado deverá proporcionar serviços de habilitação e reabilitação gratuitamente, principalmente àqueles que não dispuserem de recursos para ter acesso à referidos serviços. Como exemplo, temos no estado de São Paulo diversos serviços que são oferecidos as pessoas, visando permitir que elas possam superar um pouco mais as barreiras que enfrentam diariamente, vide sitio eletrônico: pessoacomdeficiencia.sp.gov.br.

Além de serviços que são oferecidos diretamente pelo Estado, muitas organizações privadas e organizações sociais também oferecem diversos serviços que contribuem para habilitação e reabilitação da pessoa com deficiência, como é o exemplo da APAE, cujo descritivo abaixo encontra-se disponível no sitio eletrônico: apaeconcordia.org.br.

"A Associação de Pais e Amigos dos Excepcionais (APAE) nasceu em 1954, no Rio de Janeiro. Caracteriza-se por ser uma organização social, cujo objetivo principal é promover a atenção integral à pessoa com deficiência intelectual e múltipla. A Rede APAE destaca-se por seu pioneirismo e capilaridade, estando presente em mais de 2 mil municípios em todo o território nacional.

Hoje, no Brasil, essa mobilização social presta serviços de educação, saúde e assistência social a quem deles necessita, constituindo uma rede de promoção e defesa de direitos das pessoas com deficiência intelectual e múltipla, que hoje conta com cerca de 250 mil pessoas com estes tipos de deficiência.

Nesse tempo a Organização acumulou resultados expressivos e que refletem o trabalho e as conquistas do Movimento Apaeano na luta pelos direitos das pessoas com deficiência. Nesse esforço destacam-se a incorporação do Teste do Pezinho na rede pública de saúde; a prática de esportes e a inserção das linguagens artísticas como instrumentos pedagógicos na formação das pessoas com deficiência, assim como a estimulação precoce como fundamental para o seu desenvolvimento".

A própria Lei 13.146/2015 nos auxilia a delimitar ainda mais estes conceitos de habilitação e reabilitação, vejamos:

> *Art. 14. O processo de habilitação e de reabilitação é um direito da pessoa com deficiência.*
>
> *Parágrafo único. O processo de habilitação e de reabilitação tem por objetivo o desenvolvimento de potencialidades, talentos, habilidades e aptidões físicas, cognitivas, sensoriais, psicossociais, atitudinais, profissionais e artísticas que contribuam para a conquista da autonomia da pessoa com deficiência e de sua participação social em igualdade de condições e oportunidades com as demais pessoas.*

Para que a habilitação e a reabilitação sejam efetivas, importante observar o disposto no artigo 15 da Lei Brasileira de Inclusão da Pessoa com deficiência (Lei 13.146/2015) dispondo que devem ser embasadas em uma avaliação efetuada por um equipe multidisciplinar, como exemplo fonoaudiólogos, médicos, educadores físicos, entre outros, para que assim seja possível identificar as habilidades e o potencial de cada um, havendo assim, um indicativo das melhores técnicas e procedimentos para cada caso, referido artigo elenca algumas diretrizes para estes processos, sendo eles:

A) O diagnóstico e a intervenção precoce: o quanto antes possamos identificar a deficiência e colocar em prática a habilitação e reabilitação, antes a pessoa poderá romper as barreiras que irá enfrentar, mais do que isso, mais eficiente será o processo, tendo em vista que a prática leva a excelência, segundo Aristóteles.

B) Adoção de medidas para compensar perda ou limitação funcional, buscando o desenvolvimento de aptidões: a depender da deficiência da pessoa ela poderá ter mais ou menos limitações funcionais, como por exemplo, uma pessoa que possui monoparesia e uma pessoa que possui paraplegia terão limitações funcionais diferenciadas, por vezes para uma a pessoa como monoparesia uma órtese como uma bengala poderá auxiliá-la no exercício do seu direito e necessidade de locomoção, diferentemente da pessoa com paraplegia, que possivelmente necessitará de uma cadeira de rodas, claro que estes exemplos não podem ser uma regra que não comporte exceções, até porque referidas indicações devem partir da avaliação efetuada por equipe técnica com conhecimentos especializados.

C) Atuação permanente, integrada e articulada de políticas públicas que possibilitem a plena participação social da pessoa com deficiência: o poder público deve possuir políticas públicas que permitam a pessoa com deficiência exercer seus direitos e liberdades em condições de igualdade com as demais pessoas, desta maneira deve haver uma integração entre as ações do poder público para que isto possa ocorrer.

D) Oferta de rede de serviços articulados, com atuação intersetorial, nos diferentes níveis de complexidade, para atender às necessidades específicas da pessoa com deficiência. Situação bem elucidada por Cristiano Chaves de Farias[18]: "Segundo o 'Manual de Legislação em Saúde da Pessoa com Deficiência", publicada pelo Ministério da Saúde e do qual constam inúmeras orientações quanto ao atendimento a ser dispensado ao deficiente, notadamente quanto à sua habilitação e reabilitação, "o processo de articulação deverá envolver os setores a seguir identificados, com os quais procurar-se-á estabelecer parceiras que viabilizem o alcance dos objetivos preconizados". Nessa articulação multifacetária, o Ministério da Saúde, no aludido manual, indica os Ministérios da Educação, da Previdência e Assistência Social, da Justiça, do Trabalho e Emprego, do Esporte e Turismo e da Ciência e Tecnologia, além da Secretaria de Estado do Desenvolvimento Urbano. Tais órgãos, cada qual em seu âmbito de atuação, deverão se articular, estabelecendo parce-

---

18 Farias, Cristiano Chaves de, e coautores em Estatuto da Pessoa com Deficiência Comentado. 3ª edição. Salvador – BA, Editora Jus Podivm, pág. 76):

rias que viabilizem a implementação de políticas que atendam às demandas do deficiente".

E) Prestação de serviços próximo ao domicílio da pessoa com deficiência, inclusive na zona rural, respeitadas a organização das Redes de Atenção à Saúde (RAS) nos territórios locais e as normas do Sistema Único de Saúde (SUS): os serviços disponibilizados devem ser acessíveis, não somente de um ponto de vista estrutural, mas também de maneira geográfica, caso a pessoa com deficiência resida em um local muito distante do local onde referidos serviços são prestados, isso pode inviabilizar seu acesso. Para isso o poder público deve possuir cobertura nas diversas regiões do país, ou até mesmo prestar o serviço à domicílio, como ocorre na prestação de alguns serviços em Municípios em relação ao idoso e também em relação a população indígena.

Pela leitura do artigo 16 do Estatuto da Pessoa com Deficiência serão garantidos nos serviços de habilitação e reabilitação:

I – organização, serviços, métodos, técnicas e recursos para atender às características de cada pessoa com deficiência;

II – acessibilidade em todos os ambientes e serviços;

III – tecnologia assistiva, tecnologia de reabilitação, materiais e equipamentos adequados e apoio técnico profissional, de acordo com as especificidades de cada pessoa com deficiência;

IV – capacitação continuada de todos os profissionais que participem dos programas e serviços.

O Sistema Único de Saúde (SUS) e o Sistema Único de Assistência Social (SUAS) deverão devem ter ações articuladas para garantir o acesso à informação à pessoa com deficiência e seus familiares sobre as diversas políticas públicas que estão disponíveis nas mais diversas áreas, como exemplo na área de saúde, educação, cultura, esporte, lazer, previdência e assistência social, visando que a pessoa com deficiência possa ter sua plena participação social, possibilitando o exercício de sua cidadania.

O Decreto nº 3.298/1999 regulamenta a Lei nº 7.853/1989 que dispõe sobre a Política Nacional para a Integração da Pessoa com Deficiência e consolida normas de proteção dispõe em seu artigo 15 que os órgãos e as entidades da Administração Pública Federal prestarão direta ou indiretamente à pessoa portadora de deficiência a reabilitação integral, entendida como o desenvolvimento das potencialidades da pessoa portadora de deficiência, destinada a facilitar sua atividade laboral, educativa e social;

O já citado diploma normativo dispõe em seu artigo 20 e seguintes que é considerado parte integrante do processo de reabilitação o provimento de medicamentos que favoreçam a estabilidade clínica e funcional e auxiliem na limitação da incapacidade, na reeducação funcional e no controle das lesões que geram incapacidades. Ainda, que o tratamento e a orientação psicológica serão prestados durante as distintas fases do processo reabilitador, destinados a contribuir para que a pessoa portadora de deficiência atinja o mais pleno desenvolvimento de sua personalidade. Durante a reabilitação, será propiciada, se necessária, assistência em saúde mental com a finalidade de permitir que a pessoa submetida a esta prestação desenvolva ao máximo suas capacidades.

12. DO DIREITO À SAÚDE

Devido ao modelo de Estado adotado pelo Brasil, conforme já elucidado nas linhas anteriores, do bem estar social, mais do que um direito do cidadão, acaba sendo um dever do Estado, o direito à saúde. Sabemos que cuidar da saúde é fundamental para que possamos viver com qualidade, para aumentar a expectativa de vida, superar doenças etc.

Deste modo, o direito à saúde constitui um direito aplicável a qualquer cidadão, e o Estado deverá ter ações e programas voltados ao atendimento, diagnósticos e tratamento de doenças e problemas que afetam a saúde das pessoas. Os serviços particulares de atendimento à saúde, ordinariamente precificam valores que muitas vezes inviabilizariam o atendimento pela população, e que muitas vezes, está até mesmo mais vulnerável e mais propícia a desenvolver doenças e outros problemas, sendo assim, o Estado deverá fornecer serviços relacionados à saúde de maneira gratuita à população. Situação, inclusive, prevista no texto da Constituição Federal, abaixo elencado:

> *Art. 194. A seguridade social compreende um conjunto integrado de ações de iniciativa dos Poderes Públicos e da sociedade, destinadas a assegurar os direitos relativos à saúde, à previdência e à assistência social.*
>
> *Parágrafo único. Compete ao Poder Público, nos termos da lei, organizar a seguridade social, com base nos seguintes objetivos:*
>
> *I – universalidade da cobertura e do atendimento;*
>
> *Art. 196. A saúde é direito de todos e dever do Estado, garantido mediante políticas sociais e econômicas que visem à redução do risco de doença e de outros agravos e ao acesso universal e igualitário às ações e serviços para sua promoção, proteção e recuperação.*

Note que o acesso à saúde deve ocorrer de maneira universal, ou seja, independente da pessoa, mesmo que possua condições financeiras para arcar com os custos de um determinado tratamento ou procedimento, ou de constituir um seguro saúde, o serviço deve ser oferecido. Infelizmente a práxis deixa a desejar, pois é de conhecimento público, quem em determinados casos ocorra a ausência de investimentos e efetividade nos serviços oferecidos, fazendo com que as pessoas optem pelos serviços privados.

Em relação às pessoas com deficiência não é diferente, a Lei 13.146/2015 prevê que a pessoa com deficiência terá atenção integral, em todos os níveis de complexidade, por intermédio do SUS, ou seja, ela poderá tratar qualquer problema relacionado à sua saúde, não importando se trata de baixa ou alta complexidade, como

Direito das Pessoas com Deficiência | 87

um exemplo, caso a pessoa necessite de tratamento oncológico, ela terá, se precisar de um transplante de rim ou coração, ela terá.

Enfim, independente da doença, problema ou procedimento que a acometa ou que a pessoa com deficiência necessite, ela terá pelo SUS, claro que o SUS deverá observar regras, normas e leis, no exercício da sua atividade. E por vezes, o Poder Judiciário é demandado para atuar em situações que o tratamento ou procedimento é negado, mas que devido à integralidade e universalização, muitas vezes acaba sendo reconhecida a necessidade de deferimento dos pedidos.

A gestão participativa é um elemento indissociável das políticas públicas de saúde em relação à pessoa com deficiência, ou seja, os interesses da pessoa com deficiência devem ser preservados e ouvidos, seja diretamente, ou através de categorias que as representem como Conselhos e outros.

A Lei 13.146/2015 assim dispõe:

> *Art. 18. É assegurada atenção integral à saúde da pessoa com deficiência em todos os níveis de complexidade, por intermédio do SUS, garantido acesso universal e igualitário.*
>
> *§ 1º É assegurada a participação da pessoa com deficiência na elaboração das políticas de saúde a ela destinadas.*
>
> *§ 2º É assegurado atendimento segundo normas éticas e técnicas, que regulamentarão a atuação dos profissionais de saúde e contemplarão aspectos relacionados aos direitos e às especificidades da pessoa com deficiência, incluindo temas como sua dignidade e autonomia.*
>
> *§ 3º Aos profissionais que prestam assistência à pessoa com deficiência, especialmente em serviços de habilitação e de reabilitação, deve ser garantida capacitação inicial e continuada.*
>
> *§ 4º As ações e os serviços de saúde pública destinados à pessoa com deficiência devem assegurar:*

I – diagnóstico e intervenção precoces, realizados por equipe multidisciplinar;

II – serviços de habilitação e de reabilitação sempre que necessários, para qualquer tipo de deficiência, inclusive para a manutenção da melhor condição de saúde e qualidade de vida;

III – atendimento domiciliar multidisciplinar, tratamento ambulatorial e internação;

IV – campanhas de vacinação;

V – atendimento psicológico, inclusive para seus familiares e atendentes pessoais;

VI – respeito à especificidade, à identidade de gênero e à orientação sexual da pessoa com deficiência;

VII – atenção sexual e reprodutiva, incluindo o direito à fertilização assistida;

VIII – informação adequada e acessível à pessoa com deficiência e a seus familiares sobre sua condição de saúde;

IX – serviços projetados para prevenir a ocorrência e o desenvolvimento de deficiências e agravos adicionais;

X – promoção de estratégias de capacitação permanente das equipes que atuam no SUS, em todos os níveis de atenção, no atendimento à pessoa com deficiência, bem como orientação a seus atendentes pessoais;

XI – oferta de órteses, próteses, meios auxiliares de locomoção, medicamentos, insumos e fórmulas nutricionais, conforme as normas vigentes do Ministério da Saúde.

§ 5º As diretrizes deste artigo aplicam-se também às instituições privadas que participem de forma complementar do SUS ou que recebam recursos públicos para sua manutenção.

A deficiência pode ter diversas causas, mas algumas destas situações podem e devem ser evitadas. O Sistema Único de Saúde (SUS) deverá desenvolver ações que se destinem a prevenir deficiências, são alguns exemplos de ações como essas que devem ser tomadas pelo SUS:

> *I – acompanhamento da gravidez, do parto e do puerpério, com garantia de parto humanizado e seguro;*
>
> *II – promoção de práticas alimentares adequadas e saudáveis, vigilância alimentar e nutricional, prevenção e cuidado integral dos agravos relacionados à alimentação e nutrição da mulher e da criança;*
>
> *III – aprimoramento e expansão dos programas de imunização e de triagem neonatal;*
>
> *IV – identificação e controle da gestante de alto risco.*

Segundo o artigo 20 do Estatuto da Pessoa com Deficiência "as operadoras de planos e seguros privados de saúde são obrigadas a garantir à pessoa com deficiência, no mínimo, todos os serviços e produtos ofertados aos demais clientes". Sendo assim, os serviços oferecidos aos demais clientes, também deverão ser oferecidos à pessoa com deficiência, como exemplo se a operadora disponibiliza tratamento fisioterapêutico aos demais clientes, também deverá disponibilizar à pessoa com deficiência física, ou qualquer outro tipo de deficiência. Não podendo, inclusive, cobrar valores diferenciados do prêmio mensal, sob o argumento de tratar-se de pessoa com deficiência, podendo ocorrer crime nestas situações, vide artigo 23 da Lei 13.146/2015, cobrar uma mensalidade diferenciada nestas situações, pode configurar o crime previsto na Lei 7.853/1989:

> *Art. 8º Constitui crime punível com reclusão de 2 (dois) a 5 (cinco) anos e multa:*
>
> *§ 3º Incorre nas mesmas penas quem impede ou dificulta o ingresso de pessoa com deficiência em planos privados de assistência à saúde, inclusive com cobrança de valores diferenciados.*

A leitura do artigo 21 da Lei 13.146/2015 nos permite presumir a possiblidade de a pessoa com deficiência ter atendimento domiciliar, contudo, caso necessário algum serviço que não possa ser prestado na residência, ele deverá ser feito no local adequado, garantidos o transporte e a acomodação da pessoa com deficiência e de seu acompanhante.

Nas situações em que a pessoa com deficiência for internada ou estiver em observação será assegurado que ela tenha direito a acompanhante ou atendente pessoal, devendo ser fornecidos condições adequadas para sua permanência em tempo integral, desta maneira deverá ser disponibilizado local para descanso e alimentação também para o acompanhante ou atendente pessoal, inteligência do artigo 22 da Lei Brasileira de Inclusão da Pessoa com Deficiência. Em situações excepcionais, em que não for possível a permanência de acompanhante ou de atendente pessoal, o profissional de saúde responsável pelo tratamento deverá apresentar uma justificativa por escrito dos motivos que levaram a recusa, e sendo este o caso, deverá o órgão ou a instituição suprir a ausência do acompanhante ou atendente pessoal, adotando as providências e procedimentos pertinentes. Como exemplo, caso a pessoa possua tetraplegia e não consiga cuidar de sua própria higiene ou alimentação, o órgão deverá providenciar.

Os serviços de saúde, tanto públicos como privados, deverão prover a acessibilidade necessária para a pessoa com deficiência em relação aos seus serviços. Seja no fornecimento de recursos de tecnologia assistiva, seja na comunicação, ou ainda, na eliminação de diversas barreiras, como as arquitetônicas, conforme previsão dos artigos 24 e 25 do Estatuto da Pessoa com Deficiência. Ainda, de acordo com o artigo 26 do mesmo diploma legal, nas situações em que houver suspeita ou confirmação de violência praticada contra a pessoa com deficiência, deve haver uma comunicação obrigatória pelos serviços de saúde públicos e privados à autoridade policial e ao Ministério Público, além dos Conselhos dos Direitos da Pessoa com Deficiência.

Considerando violência contra a pessoa com deficiência qualquer ação ou omissão, praticada em local público ou privado, que lhe cause morte ou dano ou sofrimento físico ou psicológico.

Referente ao tema dispõe a lei 7.853/1989:

> *Art. 2º Ao Poder Público e seus órgãos cabe assegurar às pessoas portadoras de deficiência o pleno exercício de seus direitos básicos, inclusive dos direitos à educação, à saúde, ao trabalho, ao lazer, à previdência social, ao amparo à infância e à maternidade, e de outros que, decorrentes da Constituição e das leis, propiciem seu bem-estar pessoal, social e econômico.*
>
> *Parágrafo único. Para o fim estabelecido no* caput *deste artigo, os órgãos e entidades da administração direta e indireta devem dispensar, no âmbito de sua competência e finalidade, aos assuntos objetos esta Lei, tratamento prioritário e adequado, tendente a viabilizar, sem prejuízo de outras, as seguintes medidas:*
>
> *II – na área da saúde:*
>
> *a) a promoção de ações preventivas, como as referentes ao planejamento familiar, ao aconselhamento genético, ao acompanhamento da gravidez, do parto e do puerpério, à nutrição da mulher e da criança, à identificação e ao controle da gestante e do feto de alto risco, à imunização, às doenças do metabolismo e seu diagnóstico e ao encaminhamento precoce de outras doenças causadoras de deficiência;*
>
> *b) o desenvolvimento de programas especiais de prevenção de acidente do trabalho e de trânsito, e de tratamento adequado a suas vítimas;*
>
> *c) a criação de uma rede de serviços especializados em reabilitação e habilitação;*
>
> *d) a garantia de acesso das pessoas portadoras de deficiência aos estabelecimentos de saúde públicos e privados, e de seu adequado tratamento neles, sob normas técnicas e padrões de conduta apropriados;*

e) a garantia de atendimento domiciliar de saúde ao deficiente grave não internado;

f) o desenvolvimento de programas de saúde voltados para as pessoas portadoras de deficiência, desenvolvidos com a participação da sociedade e que lhes ensejem a integração social.

A lei nº 8.036/1990 que dispõe sobre o Fundo de Garantia do Tempo de Serviço (FGTS) foi alterada pela Lei 13.146/2015 permitindo que referida conta seja movimentada quando o trabalhador com deficiência, por prescrição, necessite adquirir órtese ou prótese para promoção de acessibilidade e de inclusão social.

O Decreto nº 5.626/2005 regulamenta a Lei nº 10.436/2002, que dispõe sobre a Língua Brasileira de Sinais, a LIBRAS. No tocante a garantia do direito à saúde das pessoas surdas ou com deficiência auditiva assim dispõe:

> *Art. 25. A partir de um ano da publicação deste Decreto, o Sistema Único de Saúde – SUS e as empresas que detêm concessão ou permissão de serviços públicos de assistência à saúde, na perspectiva da inclusão plena das pessoas surdas ou com deficiência auditiva em todas as esferas da vida social, devem garantir, prioritariamente aos alunos matriculados nas redes de ensino da educação básica, a atenção integral à sua saúde, nos diversos níveis de complexidade e especialidades médicas, efetivando:*
>
> *I – ações de prevenção e desenvolvimento de programas de saúde auditiva;*
>
> *II – tratamento clínico e atendimento especializado, respeitando as especificidades de cada caso;*
>
> *III – realização de diagnóstico, atendimento precoce e do encaminhamento para a área de educação;*
>
> *IV – seleção, adaptação e fornecimento de prótese auditiva ou aparelho de amplificação sonora, quando indicado;*

V – acompanhamento médico e fonoaudiológico e terapia fonoaudiológica;

VI – atendimento em reabilitação por equipe multiprofissional;

VII – atendimento fonoaudiológico às crianças, adolescentes e jovens matriculados na educação básica, por meio de ações integradas com a área da educação, de acordo com as necessidades terapêuticas do aluno;

VIII – orientações à família sobre as implicações da surdez e sobre a importância para a criança com perda auditiva ter, desde seu nascimento, acesso à Libras e à Língua Portuguesa;

IX – atendimento às pessoas surdas ou com deficiência auditiva na rede de serviços do SUS e das empresas que detêm concessão ou permissão de serviços públicos de assistência à saúde, por profissionais capacitados para o uso de Libras ou para sua tradução e interpretação; e

X – apoio à capacitação e formação de profissionais da rede de serviços do SUS para o uso de Libras e sua tradução e interpretação.

§ 1º O disposto neste artigo deve ser garantido também para os alunos surdos ou com deficiência auditiva não usuários da Libras.

§ 2º O Poder Público, os órgãos da administração pública estadual, municipal, do Distrito Federal e as empresas privadas que detêm autorização, concessão ou permissão de serviços públicos de assistência à saúde buscarão implementar as medidas referidas no art. 3º da Lei nº 10.436, de 2002, como meio de assegurar, prioritariamente, aos alunos surdos ou com deficiência auditiva matriculados nas redes de ensino da educação básica, a atenção integral à sua saúde, nos diversos níveis de complexidade e especialidades médicas.

Abaixo precedente de decisão do Tribunal de Justiça do Ceará:

APELAÇÃO CÍVEL. DIREITO CIVIL E PROCESSUAL CIVIL. AÇÃO DE OBRIGAÇÃO DE FAZER. PLANO DE SAÚDE. AUTOR PORTADOR DO TRANSTORNO DO ESPECTRO AUTISTA – TEA. PRESCRIÇÃO DE TRATAMENTO MULTIDISCIPLINAR PELOS PROFISSIONAIS DE SAÚDE QUE ACOMPANHAM O CASO CLÍNICO DO PROMOVENTE. DIREITO ASSEGURADO AOS PORTADORES DE AUTISMO PELO ART. 3º, INCISO III, ALÍNEA B, DA LEI 12.764/2012. SESSÕES DE TERAPIA OCUPACIONAL E PSICÓLOGO (PSICOTERAPIA COMPORTAMENTAL – ABA). SENTENÇA QUE JULGOU PARCIALMENTE PROCEDENTE A DEMANDA, PORÉM, LIMITOU O NÚMERO DE SESSÕES A SER OFERTADO PELA OPERADORA DO PLANO DE SAÚDE E DETERMINOU A CONTRAPRESTAÇÃO POR PARTE DO AUTOR, EM REGIME DE COPARTICIPAÇÃO, NO PERCENTUAL DE 30% (TRINTA POR CENTO) DAS SESSÕES QUE EXCEDEREM O LIMITE DEVIDO PELO PLANO. CONDENAÇÃO DA PROMOVIDA AO PAGAMENTO 15 (QUINZE) MIL REAIS A TÍTULO DE DANOS MORAIS. INCONFORMISMO DE AMBOS OS LITIGANTES. 1 – O portador de "Transtorno de Espectro Autista" (TEA), para todos os efeitos legais, é considerado pessoa com deficiência, na forma do art. 1º, § 2º, da Lei 12.764/12, e como tal seus direitos são protegidos não só pela Constituição Federal, como também pela Convenção Internacional sobre os Direitos da Pessoa com Deficiência, aprovada pela primeira vez pelo Congresso Nacional com status de emenda constitucional e promulgada pelo Decreto Legislativo nº 6.949/2009; pela Lei 12.764/2012 (Lei que Política Nacional de Proteção dos Direitos da Pessoa com Transtorno do Espectro Autista) e pela Lei nº 13.146/2015 (Lei Brasileira de Inclusão da Pessoa com

Deficiência – Estatuto da Pessoa com Deficiência). 2 – Nesse passo, as pessoas com transtorno do espectro autista fazem jus a atendimento multiprofissional, composto especialmente por fonoaudiologia, terapia ocupacional e psicoterapia comportamental – ABA, que contribua para o seu progressivo desenvolvimento, como bem prevê a Lei 12.764/2012, em seu art. 3º: 3 – As operadoras de planos de saúde, ao firmarem contrato com pessoas portadoras de Transtorno do Espectro Autista ou com quem tenha dependente nessa condição, sabendo de tal fato, não se eximem do cumprimento das retrocitadas leis, alegando que as desconhecem ou que a elas não se sujeitam. Ora, é regra basilar do Direito que "Ninguém se escusa de cumprir a lei, alegando que não a conhece", a teor do art. 3º, da Lei de Introdução às Normas do Direito Brasileiro (LINDB). 4. Ademais, é cediço que não obstante a lei facultar aos planos de saúde a possibilidade de estabelecerem as patologias que serão cobertas, estes não estão autorizados, em nenhuma hipótese, a determinar o tipo de tratamento a ser aplicado, pois, cabe ao especialista direcionar o tratamento mais adequado ao caso do paciente após o diagnóstico histológico da doença. Outrossim, cumpre ao médico e não à operadora do plano de saúde, determinar o tratamento mais adequado, assim como os procedimentos, medicamentos, técnicas e materiais necessários ao sucesso da intervenção, à luz das condições e peculiaridades do paciente, desde que não haja fraude, má-fé ou verdadeiro erro médico. 5 *In casu*, a modalidade do plano de saúde do autor-apelante é o MULTIPLAN, maior e mais abrangente ofertado pela Unimed Fortaleza e os profissionais da saúde que acompanham o caso do promovente prescreveram o tratamento multidisciplinar consistente em terapia ocupacional duas vezes por semana e psicologia pelo método convencional e pelo método ABA, cinco vezes por semana pelo período de três horas. Não se mostra acertada a decisão do juízo a quo que limitou o número de sessões custeadas pelo plano de saúde e condenou o infante a pagar, em regime de coparticipação, no percentual de 30% (trinta por cento), aquelas sessões que excederem esse limite. Deve, portanto, o plano de saúde arcar integralmente com o tratamento sem qualquer contraprestação do autor e sem limitação do número de sessões. Precedente desta egrégia Câmara Julgadora (Apelação cível nº 0105215-90.2018.8.06.0001). (...) (TJ-CE – APL: 01280316620188060001 CE 0128031-66.2018.8.06.0001, Relator: MARIA DO LIVRAMENTO ALVES MAGALHÃES, Data de Julgamento: 23/06/2020, 4ª Câmara Direito Privado, Data de Publicação: 23/06/2020).

13. DO DIREITO À EDUCAÇÃO

A educação é fundamental para o desenvolvimento de qualquer ser humano, através dela é possível se desenvolver e ampliar seu conhecimento. Segundo Aristóteles "a educação tem raízes amargas, mas seus frutos são doces", para Pitágoras "educai as crianças e não será preciso punir os homens", Immanuel Kant "o ser humano é aquilo que a educação faz dele". Perceba a importância da educação para todos, por qual razão seria diferente em relação à pessoa com deficiência? Na verdade, se formos nos atentar para um prisma financeiro, em relação à pessoa com deficiência a educação acaba tendo ainda mais importância, pois muitas vezes irá necessitar investir mais em sua saúde, acessibilidade, estudos e recursos de tecnologia assistiva do que comparada com as demais pessoas.

De acordo com os ensinamentos de Lauro Luiz Gomes Ribeiro[19]:

---

19 Ribeiro, Lauro Luiz Gomes (Doutor) em Manual dos Direitos da Pessoa com Deficiência. 1ª edição. São Paulo – SP, Editora Verbatim, 2010, pág. 63

Etimologicamente, educação origina-se do vocábulo latino educere que significa extrair, desenvolver, ministrar o necessário ao crescimento da personalidade do indivíduo, compreendendo um processo permanente de desenvolvimento das capacidades físicas, moral e intelectual do ser humano, para sua melhor e efetiva integração individual e social e que o acompanha do nascimento à morte.

A educação é um dos direitos humanos fundamentais de segunda geração, sendo considerado como direito social assegurado a quaisquer pessoas, com previsão no artigo 6º da Constituição Federal e artigo 205:

"São direitos sociais a educação, a saúde, a alimentação, o trabalho, a moradia, o transporte, o lazer, a segurança, a previdência social, a proteção à maternidade e à infância, a assistência aos desamparados, na forma desta Constituição".

Art. 205. A educação, direito de todos e dever do Estado e da família, será promovida e incentivada com a colaboração da sociedade, visando ao pleno desenvolvimento da pessoa, seu preparo para o exercício da cidadania e sua qualificação para o trabalho.

Sendo assim, a educação é fundamental para que a pessoa com deficiência possa superar mais barreiras e consiga exercer seus direitos e liberdades fundamentais em condições de igualdade com as demais pessoas.

Sendo a educação um direito da pessoa com deficiência, é implícito, mas mesmo assim, foi determinado no Estatuto da Pessoa com Deficiência a garantia de sistema educacional inclusivo. Além disso, a discussão se a regra é a pessoa com deficiência frequentar o ensino regular ou não, já poderia estar reduzida pela disposição do artigo 27 do citado diploma legal, pois ao assegurar sistema educacional inclusivo, subentende-se que será dentro do sistema regular de ensino. Pois, o ensino especializado é uma condição *sine qua non* que seja inclusivo e acessível. Mas para que não reste dúvidas, vamos analisar o texto da Constituição Federal:

> *Art. 208. O dever do Estado com a educação será efetivado mediante a garantia de:*
>
> *III – atendimento educacional especializado aos portadores de deficiência, preferencialmente na rede regular de ensino;*

Note que a regra sobre a frequência no ensino regular está esculpida no texto da Constituição Federal, ao prever que à pessoa com deficiência será assegurado atendimento educacional especializado, preferencialmente na rede regular de ensino.

Trata-se de uma medida de inclusão social, para saber lidar com as diferenças precisamos as conhecer. Para que a inclusão social possa ser aperfeiçoada, é importante que haja convívio e interação entre todos, ou seja, pessoas com e sem deficiência. Se ao invés de estimularmos este convívio fizéssemos o contrário, não estaríamos estimulando a inclusão social, mas na verdade a exclusão, desta maneira, atitudes discriminatórias poderiam estar sendo estimuladas, pois ela estaria sendo segregada do convívio social.

Note que a inclusão e a acessibilidade no ambiente educacional devem ser asseguradas em todos os níveis e ao longo de toda a vida da pessoa com deficiência. Segundo a Lei Brasileira de Inclusão:

> *Art. 27. A educação constitui direito da pessoa com deficiência, assegurados sistema educacional inclusivo em todos os níveis e aprendizado ao longo de toda a vida, de forma a alcançar o máximo desenvolvimento possível de seus talentos e habilidades físicas, sensoriais, intelectuais e sociais, segundo suas características, interesses e necessidades de aprendizagem.*
>
> *Parágrafo único. É dever do Estado, da família, da comunidade escolar e da sociedade assegurar educação*

de qualidade à pessoa com deficiência, colocando-a a salvo de toda forma de violência, negligência e discriminação.

O mesmo diploma legal em seu artigo 28 determina algumas incumbências ao poder público abaixo elencadas, contudo a leitura do § 1º nos permite verificar que referidas incumbências não seriam somente de responsabilidade do poder público, mas também das instituições privadas de ensino de qualquer nível e modalidade, as exceções que não são aplicáveis às instituições privadas são as previstas nos incisos IV e VI.

São elas assegurar, criar, desenvolver, implementar, incentivar, acompanhar e avaliar:

> *I – sistema educacional inclusivo em todos os níveis e modalidades, bem como o aprendizado ao longo de toda a vida;*
>
> *II – aprimoramento dos sistemas educacionais, visando a garantir condições de acesso, permanência, participação e aprendizagem, por meio da oferta de serviços e de recursos de acessibilidade que eliminem as barreiras e promovam a inclusão plena;*
>
> *III – projeto pedagógico que institucionalize o atendimento educacional especializado, assim como os demais serviços e adaptações razoáveis, para atender às características dos estudantes com deficiência e garantir o seu pleno acesso ao currículo em condições de igualdade, promovendo a conquista e o exercício de sua autonomia;*
>
> *IV – oferta de educação bilíngue, em Libras como primeira língua e na modalidade escrita da língua portuguesa como segunda língua, em escolas e classes bilíngues e em escolas inclusivas;*
>
> *V – adoção de medidas individualizadas e coletivas em ambientes que maximizem o desenvolvimento acadêmico e social dos estudantes com deficiência, favorecen-*

do o acesso, a permanência, a participação e a aprendizagem em instituições de ensino;

VI – pesquisas voltadas para o desenvolvimento de novos métodos e técnicas pedagógicas, de materiais didáticos, de equipamentos e de recursos de tecnologia assistiva;

VII – planejamento de estudo de caso, de elaboração de plano de atendimento educacional especializado, de organização de recursos e serviços de acessibilidade e de disponibilização e usabilidade pedagógica de recursos de tecnologia assistiva;

VIII – participação dos estudantes com deficiência e de suas famílias nas diversas instâncias de atuação da comunidade escolar;

IX – adoção de medidas de apoio que favoreçam o desenvolvimento dos aspectos linguísticos, culturais, vocacionais e profissionais, levando-se em conta o talento, a criatividade, as habilidades e os interesses do estudante com deficiência;

X – adoção de práticas pedagógicas inclusivas pelos programas de formação inicial e continuada de professores e oferta de formação continuada para o atendimento educacional especializado;

XI – formação e disponibilização de professores para o atendimento educacional especializado, de tradutores e intérpretes da Libras, de guias intérpretes e de profissionais de apoio;

XII – oferta de ensino da Libras, do Sistema Braille e de uso de recursos de tecnologia assistiva, de forma a ampliar habilidades funcionais dos estudantes, promovendo sua autonomia e participação;

XIII – acesso à educação superior e à educação profissional e tecnológica em igualdade de oportunidades e condições com as demais pessoas;

Direito das Pessoas com Deficiência | 101

XIV – inclusão em conteúdos curriculares, em cursos de nível superior e de educação profissional técnica e tecnológica, de temas relacionados à pessoa com deficiência nos respectivos campos de conhecimento;

XV – acesso da pessoa com deficiência, em igualdade de condições, a jogos e a atividades recreativas, esportivas e de lazer, no sistema escolar;

XVI – acessibilidade para todos os estudantes, trabalhadores da educação e demais integrantes da comunidade escolar às edificações, aos ambientes e às atividades concernentes a todas as modalidades, etapas e níveis de ensino;

XVII – oferta de profissionais de apoio escolar;

XVIII – articulação intersetorial na implementação de políticas públicas.

Lembrando que de acordo com o já citado § 1º é vedada a cobrança de valores adicionais em suas mensalidades, anuidades e matrículas no cumprimento dessas determinações.

Ainda, tendo em vista o disposto no § 2º do mesmo artigo são requisitos que devem ser respeitados na disponibilização de tradutores e intérpretes da Libras prevista no inciso XI:

I – os tradutores e intérpretes da Libras atuantes na educação básica devem, no mínimo, possuir ensino médio completo e certificado de proficiência na Libras;

II – os tradutores e intérpretes da Libras, quando direcionados à tarefa de interpretar nas salas de aula dos cursos de graduação e pós-graduação, devem possuir nível superior, com habilitação, prioritariamente, em Tradução e Interpretação em Libras.

Dependendo da instituição, por sua credibilidade, qualidade do ensino, reconhecimento profissional e até mesmo por determinações legais e normativas adotam processos de seleção dos candidatos que visam a escolha pela meritocracia. Referidas

102 |

Evandro Muzy

instituições que possuem um processo seletivo para ingresso e permanência nos cursos oferecidos pelas instituições de ensino superior e de educação profissional e tecnológica, públicas e privadas devem respeitar as medidas previstas no artigo 30 da Lei 13.146/2015, sendo elas:

> *I – atendimento preferencial à pessoa com deficiência nas dependências das Instituições de Ensino Superior (IES) e nos serviços;*
>
> *II – disponibilização de formulário de inscrição de exames com campos específicos para que o candidato com deficiência informe os recursos de acessibilidade e de tecnologia assistiva necessários para sua participação;*
>
> *III – disponibilização de provas em formatos acessíveis para atendimento às necessidades específicas do candidato com deficiência;*
>
> *IV – disponibilização de recursos de acessibilidade e de tecnologia assistiva adequados, previamente solicitados e escolhidos pelo candidato com deficiência;*
>
> *V – dilação de tempo, conforme demanda apresentada pelo candidato com deficiência, tanto na realização de exame para seleção quanto nas atividades acadêmicas, mediante prévia solicitação e comprovação da necessidade;*
>
> *VI – adoção de critérios de avaliação das provas escritas, discursivas ou de redação que considerem a singularidade linguística da pessoa com deficiência, no domínio da modalidade escrita da língua portuguesa;*
>
> *VII – tradução completa do edital e de suas retificações em Libras.*

Para Lauro Luiz Gomes Ribeiro em Manual dos Direitos da Pessoa com Deficiência a escola deve adaptar-se aos alunos, os demais alunos devem se integrar com as pessoas com deficiência, propiciando um compartilhamento de conhecimentos e expe-

Direito das Pessoas com Deficiência | 103

riências, e os professores devem estar aptos e sensíveis para lidarem com a diversidade nos tipos de deficiência.

Não é somente a Constituição Federal e a Lei 13.146/2015 que visam assegurar direitos de Acessibilidade na educação direcionada à pessoa com deficiência, a Lei nº 7.853/1989 também dispõe sobre o tema em seu artigo 2º, determinando que "cabe ao Poder Público e seus órgãos assegurar às pessoas portadoras de deficiência o pleno exercício de seus direitos básicos, inclusive dos direitos à educação, à saúde, ao trabalho, ao lazer, à previdência social, ao amparo à infância e à maternidade, e de outros que, decorrentes da Constituição e das leis, propiciem seu bem-estar pessoal, social e econômico.

Parágrafo único. Para o fim estabelecido no *caput* deste artigo, os órgãos e entidades da administração direta e indireta devem dispensar, no âmbito de sua competência e finalidade, aos assuntos objetos esta Lei, tratamento prioritário e adequado, tendente a viabilizar, sem prejuízo de outras, as seguintes medidas:

I – na área da educação:

a) a inclusão, no sistema educacional, da Educação Especial como modalidade educativa que abranja a educação precoce, a pré-escolar, as de 1º e 2º graus, a supletiva, a habilitação e reabilitação profissionais, com currículos, etapas e exigências de diplomação próprios;

b) a inserção, no referido sistema educacional, das escolas especiais, privadas e públicas;

c) a oferta, obrigatória e gratuita, da Educação Especial em estabelecimento público de ensino;

d) o oferecimento obrigatório de programas de Educação Especial a nível pré-escolar, em unidades hospitalares e congêneres nas quais estejam internados, por prazo igual ou superior a 1 (um) ano, educandos portadores de deficiência;

e) o acesso de alunos portadores de deficiência aos benefícios conferidos aos demais educandos, inclusive material escolar, merenda escolar e bolsas de estudo;

f) a matrícula compulsória em cursos regulares de estabelecimentos públicos e particulares de pessoas portadoras de deficiência capazes de se integrarem no sistema regular de ensino".

Corroborando referidas determinações o Decreto nº 3.298/1999 dispõe em seus artigos 24 e seguintes que os órgãos e as entidades da Administração Pública Federal direta e indireta responsáveis pela educação dispensarão tratamento prioritário e adequado aos assuntos objeto deste Decreto, viabilizando, sem prejuízo de outras, as seguintes medidas:

I – a matrícula compulsória em cursos regulares de estabelecimentos públicos e particulares de pessoa portadora de deficiência capazes de se integrar na rede regular de ensino;

II – a inclusão, no sistema educacional, da educação especial como modalidade de educação escolar que permeia transversalmente todos os níveis e as modalidades de ensino;

III – a inserção, no sistema educacional, das escolas ou instituições especializadas públicas e privadas;

IV – a oferta, obrigatória e gratuita, da educação especial em estabelecimentos públicos de ensino;

V – o oferecimento obrigatório dos serviços de educação especial ao educando portador de deficiência em unidades hospitalares e congêneres nas quais esteja internado por prazo igual ou superior a um ano; e

VI – o acesso de aluno portador de deficiência aos benefícios conferidos aos demais educandos, inclusive material escolar, transporte, merenda escolar e bolsas de estudo.

Referido ato normativo define a educação especial, para os efeitos deste Decreto, como a modalidade de educação escolar oferecida preferencialmente na rede regular de ensino para educando com necessidades educacionais especiais, entre eles a pessoa com deficiência.

Ainda, que a educação especial se caracteriza por constituir processo flexível, dinâmico e individualizado, oferecido principalmente nos níveis de ensino considerados obrigatórios. E que a

Direito das Pessoas com Deficiência | 105

educação do aluno com deficiência deverá se iniciar na educação infantil, a partir de zero ano.

Conforme dito acima, é proibida a cobrança de valores adicionais nas mensalidades, anuidades e matrículas da pessoa com deficiência sob o argumento de prover a acessibilidade. Algumas condutas podem inclusive ser consideradas como crimes pela previsão da Lei nº 7.853/1989, abaixo colacionada:

> *Art. 8º Constitui crime punível com reclusão de 2 (dois) a 5 (cinco) anos e multa: (Redação dada pela Lei nº 13.146, de 2015) (Vigência)*
>
> *I – recusar, cobrar valores adicionais, suspender, procrastinar, cancelar ou fazer cessar inscrição de aluno em estabelecimento de ensino de qualquer curso ou grau, público ou privado, em razão de sua deficiência;*

Como se não fosse o suficiente o direito à Educação também é previsto no texto da Declaração Universal dos Direitos do Homem em seu artigo 26 que prevê:

"Todo ser humano tem direito à instrução. A instrução será gratuita, pelo menos nos graus elementares e fundamentais. A instrução elementar será obrigatória. A instrução técnico-profissional será acessível a todos, bem como a instrução superior, esta baseada no mérito.

2. A instrução será orientada no sentido do pleno desenvolvimento da personalidade humana e do fortalecimento do respeito pelos direitos do ser humano e pelas liberdades fundamentais. A instrução promoverá a compreensão, a tolerância e a amizade entre todas as nações e grupos raciais ou religiosos e coadjuvará as atividades das Nações Unidas em prol da manutenção da paz.

3. Os pais têm prioridade de direito na escolha do gênero de instrução que será ministrada a seus filhos".

O Estatuto da Criança e do Adolescente (Lei nº 8.069/1990) também prevê a regra do ensino regular em seu artigo 54, III, determinando que é um dever do Estado assegurar à criança e o adolescente atendimento educacional especializado aos portadores de deficiência, preferencialmente na rede regular de ensino, note que o ensino especializado remete a ideia de que os professores e profissionais da área de educação devem estar aptos a lidarem com os mais diversos tipos de deficiência.

O Decreto nº 3.298/1999 dispõe em seu artigo 15 que os órgãos e as entidades da Administração Pública Federal prestarão direta ou indiretamente à pessoa com deficiência a escolarização em estabelecimentos de ensino regular com a provisão dos apoios necessários, ou em estabelecimentos de ensino especial.

Vide precedente do Supremo Tribunal Federal:

ADI 5.357 MC-REF / DF

RELATOR: MIN. EDSON FACHIN

EMENTA: AÇÃO DIRETA DE INCONSTITUCIONALIDADE. MEDIDA CAUTELAR. LEI 13.146/2015. ESTATUTO DA PESSOA COM

DEFICIÊNCIA. ENSINO INCLUSIVO. CONVENÇÃO

INTERNACIONAL SOBRE OS DIREITOS DA PESSOA COM

DEFICIÊNCIA. INDEFERIMENTO DA MEDIDA CAUTELAR.

CONSTITUCIONALIDADE DA LEI 13.146/2015 (arts. 28, § 1º e 30, *caput*, da Lei nº 13.146/2015).

1. A Convenção Internacional sobre os Direitos da Pessoa com Deficiência concretiza o princípio da igualdade como fundamento de uma sociedade democrática que respeita a dignidade humana.

2. À luz da Convenção e, por consequência, da própria Constituição da República, o ensino inclusivo em todos os níveis de educação não é realidade estranha ao ordenamento jurídico pátrio, mas sim imperativo que se põe mediante regra explícita.

3. Nessa toada, a Constituição da República prevê em diversos dispositivos a proteção da pessoa com deficiência, conforme se verifica nos artigos 7º, XXXI, 23, II, 24, XIV, 37, VIII, 40, § 4º, I, 201, § 1º, 203, IV e V, 208, III, 227, § 1º, II, e § 2º, e 244.

Direito das Pessoas com Deficiência | 107

4. Pluralidade e igualdade são duas faces da mesma moeda. O respeito à pluralidade não prescinde do respeito ao princípio da igualdade. E na atual quadra histórica, uma leitura focada tão somente em seu aspecto formal não satisfaz a completude que exige o princípio.

Assim, a igualdade não se esgota com a previsão normativa de acesso igualitário a bens jurídicos, mas engloba também a previsão normativa de medidas que efetivamente possibilitem tal acesso e sua efetivação concreta.

5. O enclausuramento em face do diferente furta o colorido da vivência cotidiana, privando-nos da estupefação diante do que se coloca como novo, como diferente.

6. É somente com o convívio com a diferença e com o seu necessário acolhimento que pode haver a construção de uma sociedade livre, justa e solidária, em que o bem de todos seja promovido sem preconceitos de origem, raça, sexo, cor, idade e quaisquer outras formas de discriminação (Art. 3º, I e IV, CRFB).

7. A Lei nº 13.146/2015 indica assumir o compromisso ético de acolhimento e pluralidade democrática adotado pela Constituição ao exigir que não apenas as escolas públicas, mas também as particulares deverão pautar sua atuação educacional a partir de todas as facetas e potencialidades que o direito fundamental à educação possui e que são densificadas em seu Capítulo IV.

8. Medida cautelar indeferida.

9. Conversão do julgamento do referendo do indeferimento da cautelar, por unanimidade, em julgamento definitivo de mérito, julgando, por maioria e nos termos do Voto do Min. Relator Edson Fachin, improcedente a presente ação direta de inconstitucionalidade.

14. DO DIREITO À MORADIA

O direito à moradia é considerado como um direito fundamental aplicável a qualquer cidadão, afinal, a morada é o local em que poderemos ter nossa intimidade em maior escala, nosso repouso, o depósito de uma grande parte de nossos bens pessoais, será parte do lazer, entre outros. A própria Constituição Federal prevê o direito à moradia em seu artigo 6º:

> *Art. 6º São direitos sociais a educação, a saúde, a alimentação, o trabalho, a moradia, o transporte, o lazer, a segurança, a previdência social, a proteção à maternidade e à infância, a assistência aos desamparados, na forma desta Constituição. (Redação dada pela Emenda Constitucional nº 90, de 2015)*
>
> *Parágrafo único. Todo brasileiro em situação de vulnerabilidade social terá direito a uma renda básica familiar, garantida pelo poder público em programa permanente de transferência de renda, cujas normas e requisitos de acesso serão determinados em lei, observada a legislação fiscal e orçamentária.*

A importância da moradia para o bem-estar do indivíduo e preenchimento do conceito de dignidade da pessoa humana não é uma previsão exclusiva da Constituição Federal, a própria Declaração Universal dos Direitos do Homem prevê em seu artigo 13 e 24:

"1. Todo ser humano tem direito à liberdade de locomoção e residência dentro das fronteiras de cada Estado.

Todo ser humano tem direito a repouso e lazer, inclusive a limitação razoável das horas de trabalho e a férias remuneradas periódicas".

Assim, perceba que o Direito à moradia, sendo um direito fundamental aplicável à qualquer cidadão, não poderia ser excluído da pessoa com deficiência. A Lei nº 13.146/2015 em seu artigo 31 dispõe que "a pessoa com deficiência tem direito à moradia digna, no seio da família natural ou substituta, com seu cônjuge ou companheiro ou desacompanhada, ou em moradia para a vida independente da pessoa com deficiência, ou, ainda, em residência inclusiva".

Desta maneira, a pessoa com deficiência, assim como qualquer pessoa terá direito à morada digna, com o mínimo de elementos que possam lhe prover a subsistência com dignidade, esta moradia pode ser no âmbito da família natural, a família da qual originou seu nascimento, ou ainda, de família substituta, ou seja, a família que a recebeu como integrante, como por exemplo, pais ou parente adotivos. Ou ainda, em moradia independente, caso seja sua opção residir sozinha, não podemos olvidar do direito de acesso às residências inclusivas, que são moradias para pessoa com deficiência em situação de dependência com vínculos familiares fragilizados ou rompidos e que não disponham de condições de autossustentabilidade, é um serviço oferecido no âmbito do Sistema Único de Assistência Social (SUAS).

No que tange à moradia para vida independente da pessoa com deficiência o poder público deverá adotar programas e ações estratégicas para que as moradias sejam criadas e mantidas, afinal, até que a sociedade crie por conta própria a consciência da necessidade de fornecimento da acessibilidade, o poder público deve atuar para auxiliar na construção de referido pensamento.

De acordo com a regra esculpida no artigo 32 da Lei nº 13.146/2015 "nos programas habitacionais, públicos ou subsidiados com recursos públicos, a pessoa com deficiência ou o seu responsável goza de prioridade na aquisição de imóvel para moradia própria, observado o seguinte:

I – reserva de, no mínimo, 3% (três por cento) das unidades habitacionais para pessoa com deficiência;

II – (VETADO);

III – em caso de edificação multifamiliar, garantia de acessibilidade nas áreas de uso comum e nas unidades habitacionais no piso térreo e de acessibilidade ou de adaptação razoável nos demais pisos;

IV – disponibilização de equipamentos urbanos comunitários acessíveis;

V – elaboração de especificações técnicas no projeto que permitam a instalação de elevadores".

Assim, um programa habitacional público, ou que tenha, pelo menos em parte recursos públicos envolvidos, como o caso de fornecimento de subsídios, deverão fazer reserva de unidades habitacionais para pessoas com deficiências, sendo que referida unidade pode ser comercializada ou cedida para demais pessoas, caso não haja interessados em usufruir de referido benefício, afinal a pessoa com deficiência não está obrigada à fruição de benefícios decorrentes de ações afirmativas. Devendo ser observadas, ainda, regras para acessibilidade e viabilidade da aquisição por parte das pessoa com deficiência.

O direito de prioridade à aquisição de imóvel nas condições elencadas acima, será reconhecido uma única vez, inteligência do § 1º do artigo 32.

Lembrando que nos programas habitacionais públicos, havendo financiamento, os critérios para parcelamento dos valores devem ser compatíveis com a remuneração da pessoa com deficiência e seus familiares.

O Decreto nº 5.904/2006 que regulamenta a Lei nº 11.126/2005 que dispõe sobre o direito da pessoa com deficiência visual de ingressar e permanecer em ambientes de uso coletivo acompanhada de cão-guia prevê que a pessoa com deficiência visual e a família hospedeira ou de acolhimento poderão manter em sua residência os animais de que trata este Decreto, não se aplicando à estes quaisquer restrições previstas em convenção, regimento interno ou regulamento condominiais.

15. DO DIREITO AO TRABALHO

Levando em consideração que as grandes riquezas que são estimadas se acumulem em um percentual quase que ínfimo da população, podemos dizer de maneira generalizada, que o trabalho é o meio pelo qual o ser humano terá condições de subsistência de maneira independente, afinal, até levando em consideração os ciclos econômicos, a pessoa disponibiliza sua força de trabalho para as empresas, em contrapartida ela é recompensada por isso com um salário. Através desta contrapartida, ela consome pro-

Direito das Pessoas com Deficiência | 111

dutos e serviços das empresas, que por sua vez irá ter condições de pagar salários, ou ainda, constituir propriedade, por exemplo adquirindo imóveis, as empresas locam estes imóveis para se instalarem e pagam um aluguel por isso, o fruto deste aluguel será utilizado nas empresas que irão gerar emprego. Deste modo, é possível perceber a importância do trabalho para as pessoas, pois através dele elas poderão manter uma vida digna e possibilitar a solidez da economia.

Nos primórdios da humanidade, as pessoas viviam do escambo, eram feitas trocas de mercadorias, atualmente devido a migração do campo para os grandes centros urbanos e outros fatores, as grandes cidades se tonaram locais inviáveis para a atividade rural, sendo o trabalho a melhor maneira de garantir dinheiro para prover suas necessidades básicas.

O Direito ao Trabalho é tido como um Direito Fundamental, assegurado na Declaração Universal dos Direito Humanos:

Artigo 23

1. Todo ser humano tem direito ao trabalho, à livre escolha de emprego, a condições justas e favoráveis de trabalho e à proteção contra o desemprego.

2. Todo ser humano, sem qualquer distinção, tem direito a igual remuneração por igual trabalho.

3. Todo ser humano que trabalha tem direito a uma remuneração justa e satisfatória que lhe assegure, assim como à sua família, uma existência compatível com a dignidade humana e a que se acrescentarão, se necessário, outros meios de proteção social.

4. Todo ser humano tem direito a organizar sindicatos e a neles ingressar para proteção de seus interesses.

A Declaração dispõe que o Trabalho deve ser de livre escolha dos seres humanos, desta maneira não podemos impor um trabalho a qualquer pessoa, caso contrário, poderíamos estar diante de uma situação análoga à escravidão.

Com relação a remuneração, este é um ponto que merece especial destaque, afinal, a depender do regime adotado, seja capitalista, socialista, comunista, entre outros, possivelmente haverá tratamentos diferenciados, mas vamos nos ater ao regime capitalista, mais comumente adotado.

A ideia é que pessoas que se encontrem nas mesmas condições, mesmo tempo de trabalho na empresa, mesma atividade desenvolvida, mesmo cargo ocupado, tenham a mesma remuneração, podemos dizer que é a aplicação do princípio da igualdade, agora, é claro que não podemos ignorar o conceito de Aristóteles sobre igualdade, havendo diferenciações com relação à atividade desenvolvida, com relação ao cargo, a carga horária, seria até mesmo injusto existir uma equiparação salarial, por situações que não são iguais.

No tocante ao valor recebido não só a Declaração Universal, como a própria Constituição Federal asseguram que ele deve ser suficiente para atender à diversas necessidades básicas, e a realidade é que o valor do salário mínimo no país, acaba por ser insuficiente para atender a todas essas necessidades, contudo, esse binômio (valor do salário mínimo x possibilidades das empresas e do Poder Público) não é fácil de se resolver, afinal se elevarmos demasiadamente o valor dele, poderemos ter demissões em massa, falências em cadeia, entre outros problemas, deste modo, o cunho da disposição, ao abarcar todas a necessidades que devem ser atendidas, acaba por ter mais um conteúdo programático, caso contrário o valor do salário mínimo deveria ser considerado inconstitucional.

Em relação a pessoa com deficiência não é diferente, o trabalho para ela também é de extrema importância, pois através dele ela poderá ter condições de prover a própria subsistência.

A Lei 13.146/2015 em seu artigo 34 assegura à pessoa com deficiência que além de ter direito ao trabalho, que este deve ser de sua livre escolha e aceitação, e ainda, que o ambiente deve ser acessível, ou seja, preencher requisitos de acessibilidade e de inclusão social, garantida a igualdade de oportunidades com as demais pessoas.

Direito das Pessoas com Deficiência | 113

A obrigatoriedade de acessibilidade e inclusão se aplica tanto as pessoas jurídicas de direito público, como também, de direito privado. Desta maneira, é possível perceber que além das áreas de atendimento ao público terem que preencher requisitos de acessibilidade, a estrutura interna – utilizada pelo público interno (empregados) – também deverá preencher referidos requisitos.

A igualdade na definição da remuneração entre as pessoas que se encontrem na mesma situação e trabalho, conforme explicitado nas linhas anteriores, também deve ser aplicada à pessoa com deficiência, por expressa disposição do § 2º do artigo 34.

É proibido um tratamento discriminatório em relação à pessoa com deficiência no ambiente de trabalho, não podendo ser restrito seu acesso ao trabalho em razão de sua condição, em todas as etapas do processo laboral, ou seja, desde as etapas de recrutamento e admissão até a promoção e permanência no emprego, conforme expressa previsão do § 3º e 4º do artigo 34 da Lei Brasileira de Inclusão:

> *§ 3º É vedada restrição ao trabalho da pessoa com deficiência e qualquer discriminação em razão de sua condição, inclusive nas etapas de recrutamento, seleção, contratação, admissão, exames admissional e periódico, permanência no emprego, ascensão profissional e reabilitação profissional, bem como exigência de aptidão plena.*
>
> *§ 4º A pessoa com deficiência tem direito à participação e ao acesso a cursos, treinamentos, educação continuada, planos de carreira, promoções, bonificações e incentivos profissionais oferecidos pelo empregador, em igualdade de oportunidades com os demais empregados.*

É comum que um empregado recém-admitido, bem como aquele que recebe uma alteração em suas funções, por uma promoção ou realocação, passe por um treinamento e capacitação para que possa adquirir os conhecimentos, habilidades e competências necessárias ao exercício da nova atividade. Nestas situações deverá ser assegurada a acessibilidade para pessoa com deficiência em referidos cursos, não podendo haver recusa de participação sob o argumento de ausência de acessibilidade, pois referida situação pode até mesmo configurar a discriminação em razão da deficiência, motivo pelo qual, as empresas devem assegurar que ao contratar uma empresa terceirizada para ministrar referidos cursos, que a contratada preencha os requisitos de acessibilidade necessários.

Claro que a razoabilidade deve ser sempre um parâmetro utilizado não só pela administração pública, mas também pelas empresas privadas, e também pelos magistrados ao julgar casos, pois infelizmente, a plena acessibilidade ainda é algo que está longe de ser alcançada. Assim, mais do que simplesmente verificar se a lei foi ou não cumprida, devem as pessoas buscar alternativas para que os direitos das pessoas com deficiência possam ser preservados, como por exemplo, uma participação remota (*on line*), embora não seja a solução ideal, pois fere conceitos de inclusão social, não podemos ignorar que é uma medida que visa garantir sua participação, não é a solução mais adequada, mas muitas vezes é a solução disponível.

O poder público deve através das suas políticas públicas de trabalho e emprego garantir condições de acesso e de permanência da pessoa com deficiência no campo de trabalho. Um exemplo é a exigência de contratação de pessoa com deficiência nas hipóteses de a empresa alcançar determinado número de trabalhadores, e ainda, a reserva de vagas em concursos públicos, conforme veremos adiante.

Muitas pessoas possuem o desejo, o sonho de ter seu próprio negócio e trabalhar para elas mesmas, a pessoa com deficiência também tem o direito não só de possui referido desejo, mas também de poder desempenhar referidas atividades, deste modo o parágrafo único do artigo 35 dispõe:

> *Parágrafo único. Os programas de estímulo ao empreendedorismo e ao trabalho autônomo, incluídos o cooperativismo e o associativismo, devem prever a participação da pessoa com deficiência e a disponibilização de linhas de crédito, quando necessárias.*

A Lei nº 8.213/1991 e o Decreto nº 3.298/1999 dispõem sobre os Planos de Benefícios da Previdência Social e dá outras providências e regulamenta a Lei nº 7.853/1989. A Lei em seu artigo 93 e o decreto em seu artigo 36 trazem a obrigatoriedade de contratação das pessoas com deficiência. Sendo a regra definida da seguinte forma:

Empresas que contem com 100 (cem) ou mais empregados, deverão preencher de 2% (dois por cento) a 5% (cinco por cento) dos seus cargos com beneficiários reabilitados ou pessoas com deficiência, habilitadas, na seguinte proporção:

A) Até 200 empregados: 2%;

B) De 201 a 500 empregados: 3%;

C) De 501 a 1.000 empregados: 4%;

D) De 1.001 em diante: 5%.

> Importante observar que de acordo com o previsto no mesmo dispositivo em seu § 3º para a reserva de cargos será considerada somente a contratação direta de pessoa com deficiência, excluído o aprendiz com deficiência de que trata a Consolidação das Leis do Trabalho (CLT), aprovada pelo Decreto-Lei nº 5.452, de 1º de maio de 1943.

Além da obrigação das empresas de direito privado comporem seu quadro de trabalhadores com pessoas com deficiência, o poder público também possui referida obrigação, conforme dispõe a Constituição Federal, bem lembrado por Prof. Gustavo Muzy[20]:

---

20 Muzy, Gustavo (Prof.) em Direito Constitucional Decifrado. 1ª edição. Cascavel – PR: Alfacon, 16/04/2021 pág. 240 e 241:

> *O inciso VII, do art. 37 busca garantir ao portador de deficiência, tanto física como mental, uma maior chance de acesso aos cargos e empregos públicos, como uma ação afirmativa de forma a compensar as dificuldades que tais pessoas possuem em conseguir acesso a empregos, tanto na área pública como na privada.*
>
> *Trata-se de norma de eficácia limitada, sendo que a regulamentação do assunto, inclusive coma quantidade de vagas que será destinada aos candidatos com deficiência pode variar conforme a legislação de cada ente da federação. Na esfera federal, por exemplo, o Decreto 9.508/2018 estabelece um percentual mínimo de 5% (cinco por cento) das vagas que devem ser destinadas aos portadores de deficiência, sendo que a Lei 8.112/1990 prevê um percentual máximo de 20% (vinte por cento).*
>
> *Evidentemente, as atribuições do cargo deverão ser compatíveis com as limitações impostas pela deficiência, podendo ser feita perícia ou prova de aptidão física tanto para o fim de verificar-se tal compatibilidade, como para constatar-se além a condição de deficiente de fato.*

Vale ressaltar que na hipótese de o concurso público prever o preenchimento de um número de vagas que não comporte aplicação do percentual sem se chegar a um número inteiro, exceto na hipótese de chamamento além do número anteriormente definido, de acordo com precedentes do Judiciário, estará liberada a reserva de vagas, como exemplo, um concurso público federal para preenchimento de 1 ou 2 vagas apenas.

A Lei nº 9.029/1995 que dispõe sobre a proibição da exigência de atestados de gravidez e esterilização e outras práticas discriminatórias, para efeitos admissionais ou de permanência da relação e trabalho foi alterada pela Lei nº 13.146/2015 para proibir também a adoção de qualquer prática discriminatória e limitativa para efeito de acesso à relação de trabalho, ou de sua manuten-

Direito das Pessoas com Deficiência | 117

ção, por motivo de sexo, origem, raça, cor, estado civil, situação familiar, deficiência, reabilitação profissional, idade, entre outros, ressalvadas, nesse caso, as hipóteses de proteção à criança e ao adolescente previstas no inciso XXXIII do artigo 7º da Constituição Federal.

O Decreto nº 3.298/1999 dispõe em seu artigo 15 que os órgãos e as entidades da Administração Pública Federal prestarão direta ou indiretamente à pessoa com deficiência a formação profissional e qualificação para o trabalho.

Abaixo decisão do Superior Tribunal de Justiça, neste sentido:

RECURSO ESPECIAL Nº 1.483.800 – RS (2014/0240623-2)

RELATOR: MINISTRO NAPOLEÃO NUNES MAIA FILHO

EMENTA

RECURSO ESPECIAL. ADMINISTRATIVO. CONCURSO PÚBLICO.

RESERVA DE VAGAS A PORTADORES DE DEFICIÊNCIA. LIMITES MÍNIMO E MÁXIMO FIXADOS, RESPECTIVAMENTE, EM 5 E 20%, PELO DECRETO

3.298/1999 E PELA LEI 8.112/1990. ENTENDIMENTO DA SUPREMA CORTE

QUE INDICA A IMPRESCINDIBILIDADE DE PREVALÊNCIA DO LIMITE MÁXIMO DE 20% QUANDO O TOTAL DE VAGAS NÃO PERMITE A OFERTA DE AO MENOS 1 POSTO DE TRABALHO SEM QUE EXTRAPOLE O REFERIDO PERCENTUAL, COMO NO CASO DOS AUTOS. POSIÇÃO À QUAL SE ADERE, DEVENDO, NO ENTANTO, SER OBSERVADA A PROPORÇÃO LEGAL SE SURGIDAS VAGAS SUFICIENTES AO LONGO DO PERÍODO DE VALIDADE DO CERTAME. RECURSO ESPECIAL DA UFRGS PROVIDO.

1. Discute-se nos autos o atendimento à regra de reserva de vagas de concurso público para os portadores de deficiência física, de modo a garantir, na hipótese, a oferta de 1 vaga, do total de 2,

para pessoas com essa característica. A parte ré, ora recorrente, assevera que o pleito extrapola o comando legal que exige o máximo de 20% das vagas reservadas, defendendo que o número a ser disponibilizado aos deficientes é em relação ao total de vagas ofertadas no concurso, não para cada cargo.

2. A necessidade de preservação de vagas dirigidas aos candidatos portadores de necessidades especiais adveio com o art. 37, VIII da CF/1988, segundo o qual a lei reservará percentual dos cargos e empregos públicos para as pessoas portadoras de deficiência e definirá os critérios de sua admissão.

3. Com fundamento nessa norma, o Decreto 3.298/1999, em seu art. 37, §§ 1º e 2º, assegurou à pessoa portadora de deficiência a reserva de percentual mínimo de 5% das vagas oferecidas, elevado até o primeiro número inteiro subsequente quando resultar em valor fracionado.

4. Por sua vez, o art. 5º, § 2º da Lei 8.112/1990 determina que às pessoas portadoras de deficiência é assegurado o direito de se inscrever em concurso público para provimento de cargo cujas atribuições sejam compatíveis com a deficiência de que são portadoras; para tais pessoas serão reservadas até 20% (vinte por cento) das vagas oferecidas no concurso.

5. Por certo os percentuais acima referidos se referem às vagas em cada cargo, sob pena de permitir situações extremas de oferta de vagas a portadores de necessidades especiais somente para os cargos de menor expressão, deturpando a função da referida política pública de inserção do detentor de deficiência no mercado de trabalho. Precedente do STF: RMS 25.666/DF, Rel. Min. JOAQUIM BARBOSA, DJe 3.12.2009.

6. A aplicação dos valores mínimos e máximos referidos no Decreto 3.298/1999 e na Lei 8.112/1990 não geram maiores problemas quando relacionados a concursos com número de vagas mais elevado. Por exemplo, para um cargo com 20 vagas, o mínimo seria de 1 posto de trabalho destinado aos portadores de necessidades especiais, e o máximo de 4 vagas. Seria, desse modo, mantida para a livre concorrência o total de 16 vagas.

Direito das Pessoas com Deficiência | 119

7. O problema surge para os cargos de menor oferta de vagas, em que a ausência de vagas a PNE's deixaria de observar o percentual do Decreto 3.298/1999, e a sua previsão causaria o transbordamento do máximo de 20% estabelecido na Lei 8.112/1990. A título ilustrativo, seria o que ocorreria na hipótese de um concurso com 3 vagas; a reserva de uma delas, por si só, representaria aproximadamente 33% do total.

8. O tema já foi objeto de debate no Plenário do Supremo Tribunal Federal, na ocasião do julgamento do MS 26.310-5/DF, de relatoria do eminente Ministro MARCO AURÉLIO DE MELLO. Na oportunidade, a Suprema Corte fez prevalecer a necessidade de prestigiar o tratamento igualitário como regra, acima da política pública, quando esta extrapolar o limite máximo do art. 5º, § 2º da Lei 8.112/1990.

9. Enfrentando hipóteses de concursos cujo edital oferecia apenas 1 vaga para o cargo intentado, esta Corte Superior de Justiça seguiu o posicionamento do STF, afastando a reserva do único posto de trabalho disponível para a concorrência. Citem-se precedentes: RMS 38.595/MG, Rel. Min. MAURO CAMPBELL MARQUES, DJe 12.11.2013; MS 8.417/DF, Rel. Min. PAULO MEDINA, DJ 14.6.2004.

10. A oferta de apenas 2 vagas indica que a reserva de uma delas, de fato, acarretará a desproporção combatida pela jurisprudência dos Tribunais Superiores, sendo certo, porém, que o eventual surgimento de vagas no período de validade do certame, em quantitativo que permita a observância do limite previsto na Lei 8.112/1990, deve garantir a nomeação do candidato PNE's primeiro colocado.

11. Recurso Especial da UFRGS provido, para reconhecer a legalidade da não nomeação do autor, enquanto não surgidas vagas suficientes a garantir que sua posse deixará de ofender o percentual máximo de 20% aos candidatos portadores de deficiência.

Negar ou dificultar que uma pessoa com deficiência ocupe emprego, trabalho ou tenha uma promoção em razão da deficiência, constitui crime previsto, no art. 8º da Lei 7.853/1989, punível com reclusão de 2 (dois) a 5 (cinco) anos e multa

16. DA HABILITAÇÃO PROFISSIONAL E REABILITAÇÃO PROFISSIONAL

A habilitação e a reabilitação profissional são conceitos parecidos com a habilitação e a reabilitação estudados anteriormente, com a diferença que as técnicas, procedimentos, próteses, órteses e demais, são aplicáveis ao campo profissional, visam possibilitar que a pessoa com deficiência possa superar as barreiras no exercício do seu direito ao trabalho. Pela inteligência do artigo 36 da Lei nº 13.146/2015 o poder público deverá implementar serviços e programas completos para que a pessoa com deficiência possa ingressar, continuar ou retornar ao campo do trabalho, respeitados sua livre escolha, sua vocação e seu interesse. Sendo que referidos serviços devem ser capazes de atender a todas as pessoas com deficiência, independente do tipo e grau da deficiência.

Nos casos em que houver uma avaliação da deficiência, nos moldes tratados no § 1º do artigo 2º do mesmo diploma legal, equipe multiprofissional direcionará programa de habilitação ou reabilitação que permita a pessoa com deficiência restaurar ou adquirir a capacidade e habilidade profissional necessárias para o trabalho.

O conceito de habilitação profissional encontra-se esculpido no artigo 26, § 2:

> § 2º A habilitação profissional corresponde ao processo destinado a propiciar à pessoa com deficiência aquisição de conhecimentos, habilidades e aptidões para exercício de profissão ou de ocupação, permitindo nível suficiente de desenvolvimento profissional para ingresso no campo de trabalho.

Embora seja implícito que os serviços de habilitação e reabilitação profissional tenham estrutura de acessibilidade e inclusão social, a norma determina sobre a necessidade de sua existência, nos moldes do artigo 36, § 4º.

A lei traz a obrigação de uma articulação entre as redes privadas e públicas, em especial da área de saúde, ensino e de assistência social para o oferecimento destes serviços, salientando que poderá ocorrer, ainda, diretamente com o empregador.

Na hipótese de ocorrer diretamente com o empregador, deverá ser formalizado um contrato de emprego por prazo determinado, e a pessoa com deficiência deve ser ao mesmo tempo incluída nas atividades da empresa e com seus colegas colaboradores, possibilitado a inclusão social, em dita hipótese, poderá a vaga ser considerada para fins do percentual obrigatório de contratação de pessoas com deficiência.

A Lei nº 8.213/1992 em seu artigo 89 também dispõe sobre estes procedimentos assim prevendo:

> *Art. 89. A habilitação e a reabilitação profissional e social deverão proporcionar ao beneficiário incapacitado parcial ou totalmente para o trabalho, e às pessoas portadoras de deficiência, os meios para a (re)educação e de (re)adaptação profissional e social indicados para participar do mercado de trabalho e do contexto em que vive.*
>
> *Parágrafo único. A reabilitação profissional compreende:*
>
> *a) o fornecimento de aparelho de prótese, órtese e instrumentos de auxílio para locomoção quando a perda ou redução da capacidade funcional puder ser atenuada por seu uso e dos equipamentos necessários à habilitação e reabilitação social e profissional;*
>
> *b) a reparação ou a substituição dos aparelhos mencionados no inciso anterior, desgastados pelo uso normal ou por ocorrência estranha à vontade do beneficiário;*
>
> *c) o transporte do acidentado do trabalho, quando necessário.*

> *Art. 90. A prestação de que trata o artigo anterior é devida em caráter obrigatório aos segurados, inclusive aposentados e, na medida das possibilidades do órgão da Previdência Social, aos seus dependentes.*
>
> *Art. 91. Será concedido, no caso de habilitação e reabilitação profissional, auxílio para tratamento ou exame fora do domicílio do beneficiário, conforme dispuser o Regulamento.*
>
> *Art. 92. Concluído o processo de habilitação ou reabilitação social e profissional, a Previdência Social emitirá certificado individual, indicando as atividades que poderão ser exercidas pelo beneficiário, nada impedindo que este exerça outra atividade para a qual se capacitar.*

O Decreto nº 3.298/1999 sobre a habilitação e reabilitação profissional dispõe que a pessoa com deficiência, beneficiária ou não do Regime Geral de Previdência Social, tem direito às prestações de habilitação e reabilitação profissional para capacitar-se a obter trabalho, conservá-lo e progredir profissionalmente.

Segundo referido ato normativo, entende-se por habilitação e reabilitação profissional o processo orientado a possibilitar que a pessoa com deficiência, a partir da identificação de suas potencialidades laborativas, adquira o nível suficiente de desenvolvimento profissional para ingresso e reingresso no mercado de trabalho e participar da vida comunitária. Ainda, que os serviços de habilitação e reabilitação profissional deverão estar dotados dos recursos necessários para atender toda pessoa com deficiência, independentemente da origem de sua deficiência, desde que possa ser preparada para trabalho que lhe seja adequado e tenha perspectivas de obter, conservar e nele progredir.

De acordo com o mesmo diploma normativo:

> *Art. 33. A orientação profissional será prestada pelos correspondentes serviços de habilitação e reabilitação profissional, tendo em conta as potencialidades da pessoa portadora de deficiência, identificadas com base em*

relatório de equipe multiprofissional, que deverá considerar:

I – educação escolar efetivamente recebida e por receber;

II – expectativas de promoção social;

III – possibilidades de emprego existentes em cada caso;

IV – motivações, atitudes e preferências profissionais; e

V – necessidades do mercado de trabalho.

17. DA INCLUSÃO DA PESSOA COM DEFICIÊNCIA NO TRABALHO

O Decreto nº 3.298/1999 determina que são modalidades de inserção no trabalho da pessoa com deficiência:

I – colocação competitiva: processo de contratação regular, nos termos da legislação trabalhista e previdenciária, que independe da adoção de procedimentos especiais para sua concretização, não sendo excluída a possibilidade de utilização de apoios especiais;

II – colocação seletiva: processo de contratação regular, nos termos da legislação trabalhista e previdenciária, que depende da adoção de procedimentos e apoios especiais para sua concretização; e

III – promoção do trabalho por conta própria: processo de fomento da ação de uma ou mais pessoas, mediante trabalho autônomo, cooperativado ou em regime de economia familiar, com vista à emancipação econômica e pessoal.

Contudo, a Lei nº 13.146/2015 dispõe que constitui modo de inclusão da pessoa com deficiência no trabalho a colocação competitiva, em igualdade de oportunidades com as demais pessoas, nos termos da legislação trabalhista e previdenciária, na qual devem ser atendidas as regras de acessibilidade, o fornecimento de recursos de tecnologia assistiva e a adaptação razoável no ambiente de trabalho. Prevendo ainda, nos casos em que for necessário o trabalho com apoio.

Nesta esteira, podemos interpretar que a Lei nº 13.146/2015 procurou não esmiuçar sobre as demais modalidades de inserção laboral, mas que devido aplicação do previsto na convenção internacional da pessoa com deficiência, sobre a manutenção de direitos mais benéficos, ainda encontram previsão legal e normativa.

A colocação competitiva trazida pela Lei nº 13.146/2015 em seu artigo 37, prevê medidas para inclusão social, no sentido de que a pessoa com deficiência terá, na maior medida possível, o mesmo tratamento legal em termos trabalhistas e previdenciários que as demais pessoas, sem excluir a acessibilidade, o fornecimento de recursos de tecnologia assistiva e adaptação razoável no ambiente de trabalho.

Dispõe ainda, que o trabalho com apoio não será excludente do conceito de colocação competitiva, e nas hipóteses em que se fizer necessário referido apoio, que ele deverá ocorrer tendo em conta as seguintes diretrizes:

I – prioridade no atendimento à pessoa com deficiência com maior dificuldade de inserção no campo de trabalho;

II – provisão de suportes individualizados que atendam a necessidades específicas da pessoa com deficiência, inclusive a disponibilização de recursos de tecnologia assistiva, de agente facilitador e de apoio no ambiente de trabalho;

III – respeito ao perfil vocacional e ao interesse da pessoa com deficiência apoiada;

IV – oferta de aconselhamento e de apoio aos empregadores, com vistas à definição de estratégias de inclusão e de superação de barreiras, inclusive atitudinais;

V – realização de avaliações periódicas;

VI – articulação intersetorial das políticas públicas;

VII – possibilidade de participação de organizações da sociedade civil.

Conforme previsão do artigo 38 da Lei Brasileira de Inclusão da Pessoa com Deficiência a entidade contratada para a realização de processo seletivo público ou privado para cargo, função ou emprego está obrigada à observância do disposto nesta Lei e em outras normas de acessibilidade vigentes. Deste modo, uma organizadora contratada para aplicar provas e acompanhar as fases de determinado concurso público, deverá observar os preceitos da lei, não podendo por exemplo, exigir plena capacidade de uma pessoa com deficiência visual para preenchimento de gabarito ou negativa de fornecimento de prova com a devida acessibilidade, como impressão em braile. Assim como empresa contratada para realizar processo seletivo privado, como comumente ocorre, quando algumas empresas contratam as famosas agências de emprego para prospectar e contratar funcionários. Havendo uma seleção a ser realizada, esta deverá possuir também a devida acessibilidade e inclusão social.

18. DO DIREITO À ASSISTÊNCIA SOCIAL

O modelo do *welfare state,* tem como diretriz o auxílio social, pois, sabemos que muitas pessoas, não possuem condições de autossustentabilidade, e por vezes, a família é ausente, ou até mesmo, inexistente. Fazendo surgir a necessidade de um auxílio social para referidas pessoas. Inclusive, a assistência aos desamparados é prevista como um direito social no artigo 6º da Constituição Federal.

Segundo o sitio eletrônico da Secretaria Especial do Desenvolvimento Social, a assistência social é:

"uma politica pública, ou seja, um direito de todo cidadão que dela necessitar. Ela está organizada por meio do Sistema Único de Assistência Social (SUAS), que está presente em todo o Brasil. Seu objetivo é garantir a proteção social aos cidadãos, por meio de serviços, benefícios, programas e projetos que se constituem como apoio aos indivíduos, famílias e para a comunidade no enfrentamento de suas dificuldades.

O Sistema Único de Assistência Social (SUAS) é um sistema público que organiza, de forma descentralizada, os serviços socioassistenciais no Brasil. Com um modelo de gestão participativa, ele articula os esforços e recursos dos três níveis de governo para a execução e o financiamento da Política Nacional de Assistência Social (PNAS), envolvendo diretamente as estruturas e marcos regulatórios nacionais, estaduais, municipais e do Distrito Federal.

O SUAS organiza as ações da assistência social em dois tipos de proteção social.

A primeira é a Proteção Social Básica, destinada à prevenção de riscos sociais e pessoais, por meio da oferta de programas, projetos, serviços e benefícios a indivíduos e famílias em situação de vulnerabilidade social. A segunda é a Proteção Social Especial, destinada a famílias e indivíduos que já se encontram em situação de risco e que tiveram seus direitos violados por ocorrência de abandono, maus-tratos, abuso sexual, uso de drogas, entre outros.

No Suas também há a oferta de Benefícios Assistenciais, prestados a públicos específicos de forma integrada aos serviços, contribuindo para a superação de situações de vulnerabilidade. Também gerencia a vinculação de entidades e organizações de assistência social ao Sistema, mantendo atualizado o Cadastro Nacional de Entidades e Organizações de Assistência Social e concedendo certificação a entidades beneficentes".

A Constituição Federal em seu artigo 203 prevê que a assistência social será prestada a quem dela necessitar, mesmo que não contribua para à seguridade social, e dentre os vários objetivos previstos, encontram-se: a habilitação e reabilitação das pessoas com deficiência e a promoção de sua integração à vida comunitária; a garantia de um salário mínimo de benefício mensal à pessoa com deficiência e ao idoso que comprovem não possuir meios de prover à própria manutenção ou de tê-la provida por sua família, conforme dispuser a lei.

A Lei nº 13.146/2015 em seu artigo 39 dispõe sobre a assistência social, e que os serviços, os programas, os projetos e os benefícios no âmbito da política pública de assistência social à pessoa com deficiência e sua família terão como objetivo:

Direito das Pessoas com Deficiência | 127

1) Garantir a segurança de renda, para que tenham condições de sobrevivência com dignidade;

2) A acolhida, como exemplo os casos de pessoa com deficiência que necessita de uma residência inclusiva;

3) A habilitação e a reabilitação, para que as pessoas com deficiência possam ter autonomia e independência;

4) Convivência familiar e comunitária, que é uma medida de inclusão social.

Ainda, o parágrafo 1º e 2º do citado artigo determina que a assistência social deverá envolver um conjunto articulado de serviços, tanto no âmbito da Proteção Social Básica, como também da Proteção Especial, ofertados pelo SUAS. E que também os serviços socioassistenciais destinados à pessoa com deficiência em situação de dependência, deverão contar com cuidadores sociais para prestar-lhe cuidados básicos e instrumentais, afinal, imagine uma pessoa com deficiência física que busca serviços de habilitação e reabilitação, logicamente que suas primeiras atividades serão muito mais dificultosas que as seguintes, pois, conforme exercita referida atividade, melhor ficará. Sendo os cuidadores sociais importantíssimos para prestar-lhe o auxílio necessário, visando que possa alcançar a independência e autonomia.

Dispõe o artigo 94 da Lei nº 13.146/2015 que a pessoa com deficiência moderada ou grave terá direito a auxílio-inclusão, nos termos da lei, nas seguintes hipóteses:

I – receba o benefício de prestação continuada previsto no art. 20 da Lei nº 8.742, de 7 de dezembro de 1993, e que passe a exercer atividade remunerada que a enquadre como segurado obrigatório do RGPS;

II – tenha recebido, nos últimos 5 (cinco) anos, o benefício de prestação continuada previsto no art. 20 da Lei nº 8.742, de 7 de dezembro de 1993, e que exerça atividade remunerada que a enquadre como segurado obrigatório do RGPS.

A Lei nº 8.742/1993, dispõe sobre a organização da Assistência Social, em seu artigo 2º prevê que será um dos objetivos dela a garantia de 1 (um) salário-mínimo de benefício mensal à pessoa com deficiência e ao idoso que comprovem não possuir meios de prover a própria manutenção ou de tê-la provida por sua família. Estando em consonância com o artigo 40 da Lei Brasileira de Inclusão:

> *Art. 40. É assegurado à pessoa com deficiência que não possua meios para prover sua subsistência nem de tê-la provida por sua família o benefício mensal de 1 (um) salário-mínimo, nos termos da Lei nº 8.742, de 7 de dezembro de 1993.*

19. DIREITO À PREVIDÊNCIA SOCIAL

A seguridade social é formada pela saúde, assistência e previdência social, as duas primeiras independem de contribuição, diferentemente da previdência social, cuja contribuição para os trabalhadores da iniciativa privada, normalmente constam em seus contracheques (*holerites*) como INSS.

A Constituição Federal prevê:

> *Art. 201. A previdência social será organizada sob a forma do Regime Geral de Previdência Social, de caráter contributivo e de filiação obrigatória, observados critérios que preservem o equilíbrio financeiro e atuarial, e atenderá, na forma da lei, a:*
>
> *(...)*
>
> *§ 1º É vedada a adoção de requisitos ou critérios diferenciados para concessão de benefícios, ressalvada, nos termos de lei complementar, a possibilidade de previsão de idade e tempo de contribuição distintos da regra geral para concessão de aposentadoria exclusivamente em favor dos segurados:*
>
> *I – com deficiência, previamente submetidos a avaliação biopsicossocial realizada por equipe multiprofissional e interdisciplinar;*

A Lei Complementar nº 142/2013 Regulamenta o § 1º do art. 201 da Constituição Federal, no tocante à aposentadoria da pessoa com deficiência segurada do Regime Geral de Previdência Social – RGPS. Em seu artigo 3º assegura a concessão de aposentadoria pelo RGPS ao segurado com deficiência, atendidas as seguintes condições:

I – aos 25 (vinte e cinco) anos de tempo de contribuição, se homem, e 20 (vinte) anos, se mulher, no caso de segurado com deficiência grave;

II – aos 29 (vinte e nove) anos de tempo de contribuição, se homem, e 24 (vinte e quatro) anos, se mulher, no caso de segurado com deficiência moderada;

III – aos 33 (trinta e três) anos de tempo de contribuição, se homem, e 28 (vinte e oito) anos, se mulher, no caso de segurado com deficiência leve; ou

IV – aos 60 (sessenta) anos de idade, se homem, e 55 (cinquenta e cinco) anos de idade, se mulher, independentemente do grau de deficiência, desde que cumprido tempo mínimo de contribuição de 15 (quinze) anos e comprovada a existência de deficiência durante igual período.

Devendo o Poder Executivo definir as deficiências graves, moderadas e leves para os fins desta Lei Complementar. Deste modo, a perícia médica própria do INSS é importante para realizar a análise da situação apresentada, qual será o enquadramento nos diferentes graus de deficiência para concessão de referidas aposentadorias. A Portaria Interministerial AGU/MPS/MF/SEDH/MP nº 1 de 27.01.2014 traz alguns parâmetros para que a perícias médicas sejam direcionadas para elucidação do grau da deficiência.

A Lei nº 8.213/1991 que dispõe sobre os planos de Benefícios da Previdência Social foi alterada pela Lei nº 13.146/2015 para constar que são beneficiários do Regime Geral de Previdência Social, na condição de dependentes do segurado:

I – o cônjuge, a companheira, o companheiro e o filho não emancipado, de qualquer condição, menor de 21 (vinte e um)

anos ou inválido ou que tenha deficiência intelectual ou mental ou deficiência grave;

III – o irmão não emancipado, de qualquer condição, menor de 21 (vinte e um) anos ou inválido ou que tenha deficiência intelectual ou mental ou deficiência grave;

Outra importante alteração na referida lei, promovida pelo Estatuto da Pessoa com Deficiência foi em seu artigo 77, § 2, II, corroborando a disposição de que a pensão por morte, havendo mais de um pensionista, será rateado entre todos em partes iguais, e que o direito à percepção da cota individual cessará:

II – para o filho, a pessoa a ele equiparada ou o irmão, de ambos os sexos, pela emancipação ou ao completar 21 (vinte e um) anos de idade, salvo se for inválido ou tiver deficiência intelectual ou mental ou deficiência grave;

20. DO DIREITO À CULTURA, AO ESPORTE, AO TURISMO E AO LAZER

De acordo com o dicionário cultura pode ser conceituada como "normas de comportamento, saberes, hábitos ou crenças que diferenciam um grupo de outro", ou ainda, "o conjunto dos hábitos sociais e religiosos, das manifestações intelectuais e artísticas, que caracterizam uma sociedade".

Sendo assim, podemos entender a cultura como preceitos que regem determinados comportamentos, pensamentos, crenças, hábitos, movimentos intelectuais e artísticos, e que muitas vezes serão diferentes a cada sociedade.

Permitir o acesso à cultura é possibilitar que os ensinamentos, hábitos, crenças e conhecimentos possam ser levados adiante por aquela sociedade. Situação, inclusive, garantida pela Constituição Federal que prevê a todos do exercício dos direitos culturais, e ainda, o acesso às fontes da cultura nacional, em seu artigo 215.

As culturas indígena, afro-brasileira e popular possuem especial destaque, assim como de outros grupos participantes do processo civilizatório nacional, sendo elencadas como um dever do Estado proteger referidas manifestações.

Além da cultura, o direito ao desporto também é extremamente importante para o indivíduo, pois além de trazer benefícios em sua saúde física e mental, pode vir a tornar-se um meio para seu próprio sustento, com previsão no artigo 217 da Constituição Federal, dispondo que o Estado deve fomentar práticas esportivas formais e não formais, devendo observar:

"I – a autonomia das entidades desportivas dirigentes e associações, quanto a sua organização e funcionamento;

II – a destinação de recursos públicos para a promoção prioritária do desporto educacional e, em casos específicos, para a do desporto de alto rendimento;

III – o tratamento diferenciado para o desporto profissional e o não- profissional;

IV – a proteção e o incentivo às manifestações desportivas de criação nacional".

O turismo também é um direito do cidadão, pois através dele, além de conhecermos novos lugares, poderemos usufruir do lazer, e os provedores de produtos e serviços podem fazer dele também um meio para seu próprio sustento, tanto que a lei maior dispõe em seu artigo 180 que a União, os Estados, o Distrito Federal e os Municípios promoverão e incentivarão o turismo como fator de desenvolvimento social e econômico. Perceba que os benefícios de um turismo bem estruturado, regulamentado e fiscalizado vão além da própria pessoa, mas para o desenvolvimento econômico da localidade e consequentemente da nação.

O direito ao turismo também é um direito da pessoa com deficiência, e para que ela possa usufruir necessitará de acessibilidade, tanto que muitas cidades litorâneas já estão se adequando a esta realidade, disponibilizando deques para acesso à praia para pessoas cadeirantes e pessoas com mobilidade reduzida

E por fim o lazer, que é tido como um direito fundamental social no artigo 6º da Constituição Federal, que pode ser alcançado por diversas ações, incluindo o próprio desporto, vide § 3º do artigo 217 do mesmo diploma legal. O lazer nos permite renovarmos nossas energias para a volta ao trabalho e aos estudos, nos permite segregar o que muito mais vezes é uma dura realidade, possibilitando que possamos usufruir dos bons momentos da vida, fazendo aquilo que nos dá prazer e relaxamento, é claro que nem sempre a mesma atividade fornece lazer para todos, ou seja, o que é lazer para alguns, pode não ser para outros, por isso a importância de se respeitar a diversidade de produtos e serviços colocados à disposição do cidadão, para que assim possamos atingir o maior número de pessoas.

De acordo com a Lei 10.098/2000, em seu parágrafo único do artigo 4º no mínimo 5% (cinco por cento) de cada brinquedo e equipamento de lazer existentes nas vias públicas, parques e demais espaços de uso público existentes devem ser adaptados e identificados, tanto quanto tecnicamente possível, para possibilitar sua utilização por pessoas com deficiência, inclusive visual, ou com mobilidade reduzida.

Ainda, o artigo 6º da referida Lei prevê que os banheiros de uso público existentes ou a construir em parques, praças, jardins e espaços livres públicos deverão ser acessíveis e dispor, pelo menos, de um sanitário e um lavatório que atendam às especificações das normas técnicas da ABNT. Os eventos organizados em espaços públicos e privados em que haja instalação de banheiros químicos deverão contar com unidades acessíveis a pessoas com deficiência ou com mobilidade reduzida. O número mínimo de banheiros químicos acessíveis corresponderá a 10% (dez por cento) do total, garantindo-se pelo menos 1 (uma) unidade acessível caso a aplicação do percentual resulte em fração inferior a 1 (um).

Atinente à pessoa com deficiência, por qual razão seria diferente? Por qual motivo o acesso à cultura, desporto, lazer e turismo não seriam também extremamente importantes para ela?

Direito das Pessoas com Deficiência | 133

Tendo em vista a necessidade de proteção de referidos direitos a Lei 13.146/2015 dispõe em seu artigo 42 que a pessoa com deficiência tem direito à cultura, ao esporte, ao turismo e ao lazer em igualdade de oportunidades com as demais pessoas, sendo-lhe garantido o acesso:

I – a bens culturais em formato acessível;

II – a programas de televisão, cinema, teatro e outras atividades culturais e desportivas em formato acessível; e

III – a monumentos e locais de importância cultural e a espaços que ofereçam serviços ou eventos culturais e esportivos.

O § 1º do mesmo artigo determina que que será proibida a recusa de oferta de obra intelectual em formato acessível à pessoa com deficiência, sob qualquer argumento, inclusive sob a alegação de proteção dos direitos de propriedade intelectual.

Isto posto, caso a pessoa com deficiência queira ter acesso a determinada obra intelectual, que não se encontra disponível em formato acessível, poderá haver conversão dela em um formato que se torne acessível, embora o Estatuto não disponha em detalhes sobre referido direito, é recomendável que haja uma comunicação ao detentor dos direitos da obra sobre referida conversão para que assim possa se chegar a um acordo referente a utilização da obra, e também o respeito aos direitos do autor.

Caso não seja efetuado este acordo de cavalheiros e caiba ao Poder Judiciário exercer o controle do litígio é recomendável que o magistrado pondere as situações, permitindo a utilização da obra em formato acessível, contudo assegurando os direitos do autor, como por exemplo pelo recebimento de participações em vendas.

Se até mesmo as empresas privadas devem se preocupar em prover a acessibilidade, quem dirá o poder público, tendo em consideração o disposto no § 2º do artigo 42 o poder público deve adotar soluções destinadas à eliminação, à redução ou à superação de barreiras para a promoção do acesso a todo patrimônio cultural, observadas as normas de acessibilidade, ambientais e de proteção do patrimônio histórico e artístico nacional.

Sendo ainda, obrigação do poder público, de acordo com o artigo 43 da Lei Brasileira de Inclusão ter ações e programas que promovam a participação da pessoa com deficiência em atividades artísticas, intelectuais, culturais, esportivas e recreativas, podemos citar como exemplo, a disponibilização de verba pública para auxílio no oferecimento de espetáculos e campeonatos.

Segundo a Lei:

> *Art. 43. O poder público deve promover a participação da pessoa com deficiência em atividades artísticas, intelectuais, culturais, esportivas e recreativas, com vistas ao seu protagonismo, devendo:*
>
> *I – incentivar a provisão de instrução, de treinamento e de recursos adequados, em igualdade de oportunidades com as demais pessoas;*
>
> *II – assegurar acessibilidade nos locais de eventos e nos serviços prestados por pessoa ou entidade envolvida na organização das atividades de que trata este artigo; e*
>
> *III – assegurar a participação da pessoa com deficiência em jogos e atividades recreativas, esportivas, de lazer, culturais e artísticas, inclusive no sistema escolar, em igualdade de condições com as demais pessoas.*

Tendo em vista o disposto no artigo 44 do mesmo diploma legal nos locais de apresentação como teatros, cinemas, auditórios, estádios, ginásios ou outros locais de espetáculos, conferências e similares deve haver uma reserva de assentos para a pessoa com deficiência, bem como a disponibilização de espaços livres, para utilização por exemplo por uma pessoa que utilize cadeira de rodas. Regulamentando referido direito, o decreto 9.404/2018 alterou o decreto 5.296/2004 dispondo que:

"Nos teatros, cinemas, auditórios, estádios, ginásios de esporte, locais de espetáculos e de conferências e similares, serão reservados espaços livres para pessoas em cadeira de rodas e assentos para pessoas com deficiência ou com mobilidade reduzida, de acordo com a capacidade de lotação da edificação, conforme o disposto no artigo 44 § 1º, da Lei nº 13.446, de 2015 os espaços e os assentos a que se refere o *caput* deste artigo, a serem instalados e sinalizados conforme os requisitos estabelecidos nas normas técnicas de acessibilidade da Associação Brasileira de Normas Técnicas – ABNT, devem:

I – ser disponibilizados, no caso de edificações com capacidade de lotação de até mil lugares, na proporção de:

a) dois por cento de espaços para pessoas em cadeira de rodas, com a garantia de, no mínimo, um espaço; e

b) dois por cento de assentos para pessoas com deficiência ou com mobilidade reduzida, com a garantia de, no mínimo, um assento; ou

II – ser disponibilizados, no caso de edificações com capacidade de lotação acima de mil lugares, na proporção de:

a) vinte espaços para pessoas em cadeira de rodas mais um por cento do que exceder mil lugares; e

b) vinte assentos para pessoas com deficiência ou com mobilidade reduzida mais um por cento do que exceder mil lugares.

Seus parágrafos 2º e 3º determinam que cinquenta por cento dos assentos reservados para pessoas com deficiência ou com mobilidade reduzida devem ter características dimensionais e estruturais para o uso por pessoa obesa, conforme norma técnica de acessibilidade da ABNT, com a garantia de, no mínimo, um assento. E ainda, que os espaços e os assentos a que se refere este artigo deverão situar-se em locais que garantam a acomodação de um acompanhante ao lado da pessoa com deficiência ou com mobilidade reduzida, resguardado o direito de se acomodar proximamente a grupo familiar e comunitário.

Dispõe o parágrafo 4° que nestes locais haverá, obrigatoriamente, rotas de fuga e saídas de emergência acessíveis, conforme padrões das normas técnicas de acessibilidade da ABNT, a fim de permitir a saída segura de pessoas com deficiência ou com mobilidade reduzida, em caso de emergência.

As áreas de acesso aos artistas, tais como coxias e camarins, também devem ser acessíveis a pessoas com deficiência ou com mobilidade reduzida", inteligência do parágrafo 5°.

Sendo que a Lei n° 13.146/2015 no artigo 44, § 1° prevê que estes assentos e espaços reservados devem ser distribuídos pelo recinto em locais diversos, de boa visibilidade, em todos os setores, próximos aos corredores, devidamente sinalizados, evitando-se áreas segregadas de público e obstrução das saídas, em conformidade com as normas de acessibilidade.

Nas situações que referidos espaços e assentos não sejam procurados por pessoas com deficiência, eles poderão ser excepcionalmente ocupados por outras pessoas que não tenham deficiência ou mobilidade reduzida.

Importante salientar que o valor dos ingressos da pessoa com deficiência não poderá ser superior ao valor cobrado das demais pessoas, haja vista o disposto no § 7° do artigo 44.

O artigo 45 da Lei n° 13.146/2015 prevê que a construção de hotéis, pousadas e similares efetuadas após a entrada em vigor da Estatuto da Pessoa com Deficiência deverá ser feita levando em consideração a acessibilidade prevista em desenho universal.

Para as edificações construídas antes de sua entrada em vigor deverão ser disponibilizados, pelo menos, 10% (dez por cento) de seus dormitórios acessíveis, garantida, no mínimo, 1 (uma) unidade acessível, sendo que referidos dormitórios deverão ser localizados em rotas acessíveis.

A Lei n° 8.313/1991 que restabelece princípios da Lei n° 7.505/1986 e institui o Programa Nacional de Apoio à Cultura foi alterada pela Lei Brasileira de Inclusão, dispondo que os incentivos criados por esta Lei somente serão concedidos a projetos culturais que forem disponibilizados, sempre que tecnicamente possível, também em formato acessível à pessoa com deficiência, observado o disposto em regulamento.

Sobre o tema deste título dispõe o Decreto nº 3.298/1999:

> *Art. 46. Os órgãos e as entidades da Administração Pública Federal direta e indireta responsáveis pela cultura, pelo desporto, pelo turismo e pelo lazer dispensarão tratamento prioritário e adequado aos assuntos objeto deste Decreto, com vista a viabilizar, sem prejuízo de outras, as seguintes medidas:*
>
> *I – promover o acesso da pessoa portadora de deficiência aos meios de comunicação social;*
>
> *II – criar incentivos para o exercício de atividades criativas, mediante:*
>
> *a) participação da pessoa portadora de deficiência em concursos de prêmios no campo das artes e das letras; e*
>
> *b) exposições, publicações e representações artísticas de pessoa portadora de deficiência;*
>
> *III – incentivar a prática desportiva formal e não-formal como direito de cada um e o lazer como forma de promoção social;*
>
> *IV – estimular meios que facilitem o exercício de atividades desportivas entre a pessoa portadora de deficiência e suas entidades representativas;*
>
> *V – assegurar a acessibilidade às instalações desportivas dos estabelecimentos de ensino, desde o nível pré-escolar até à universidade;*
>
> *VI – promover a inclusão de atividades desportivas para pessoa portadora de deficiência na prática da educação física ministrada nas instituições de ensino públicas e privadas;*

VII – apoiar e promover a publicação e o uso de guias de turismo com informação adequada à pessoa portadora de deficiência; e

VIII – estimular a ampliação do turismo à pessoa portadora de deficiência ou com mobilidade reduzida, mediante a oferta de instalações hoteleiras acessíveis e de serviços adaptados de transporte.

Art. 47. Os recursos do Programa Nacional de Apoio à Cultura financiarão, entre outras ações, a produção e a difusão artístico-cultural de pessoa portadora de deficiência.

Parágrafo único. Os projetos culturais financiados com recursos federais, inclusive oriundos de programas especiais de incentivo à cultura, deverão facilitar o livre acesso da pessoa portadora de deficiência, de modo a possibilitar-lhe o pleno exercício dos seus direitos culturais.

Art. 48. Os órgãos e as entidades da Administração Pública Federal direta e indireta, promotores ou financiadores de atividades desportivas e de lazer, devem concorrer técnica e financeiramente para obtenção dos objetivos deste Decreto.

Parágrafo único. Serão prioritariamente apoiadas a manifestação desportiva de rendimento e a educacional, compreendendo as atividades de:

I – desenvolvimento de recursos humanos especializados;

II – promoção de competições desportivas internacionais, nacionais, estaduais e locais;

III – pesquisa científica, desenvolvimento tecnológico, documentação e informação; e

IV – construção, ampliação, recuperação e adaptação de instalações desportivas e de lazer.

Vide precedente do Superior Tribunal de Justiça:

RECURSO ESPECIAL Nº 1.407.781 – SP (2013/0327574-0)

RELATOR: MINISTRO HERMAN BENJAMIN

EMENTA

PROCESSUAL CIVIL. AÇÃO CIVIL PÚBLICA. OFENSA AO ART. 535 DO CPC/1973 NÃO DEMONSTRADA. DEFICIÊNCIA NA FUNDAMENTAÇÃO. SÚMULA 284/ STF. MINISTÉRIO PÚBLICO COMO AUTOR DA AÇÃO. DESNECESSIDADE DE INTERVENÇÃO DO PARQUET COMO CUSTOS LEGIS. DEFICIÊNCIA VISUAL. EDIÇÃO OBRIGATÓRIA DE LIVROS EM BRAILLE. ART. 1º, XII, DA LEI 10.753/2003 NÃO PREQUESTIONADO. SÚMULA 282/STF. CONTROVÉRSIA SOLUCIONADA EM ÂMBITO CONSTITUCIONAL. COMPETÊNCIA DO STF.

1. Trata-se de Ação Civil Pública interposta pelo Ministério Público Federal

contra a União, objetivando a condenação desta em obrigação de fazer, consistente em disciplinar prazos e condições para que todas as editoras e congêneres do País passem a publicar cota de suas obras em meio acessível às pessoas com deficiência visual (braille).

2. Num primeiro momento, mantive o entendimento favorável ao acolhimento da pretensão recursal, fixando o prazo de 12

meses para que a recorrida implantasse as medidas do art. 2º da Lei 4.169/1962. Todavia, em sessão de julgamento realizada no dia 6/12/2016, o eminente Ministro Og Fernandes apresentou argumentos em sentido divergente: a) inadequação da via eleita; b) matéria de fundo constitucional; e c) ofensa ao princípio da independência dos poderes. Diante desses fundamentos, após reapreciação do Recurso Especial, realinho minha posição inicial.

3. Não se conhece de Recurso Especial em relação à ofensa ao art. 535 do

CPC/1973 quando a parte não aponta, de forma clara, o vício em que teria incorrido o acórdão impugnado. Aplicação, por analogia, da Súmula 284/STF.

4. O STJ consolidou o entendimento de que não há falar em nulidade do julgamento por ausência de manifestação do Ministério Público como custos legis, tendo em vista que atuou como parte na Ação Civil Pública.

5. O art. 2º da Lei 4.169/1962 dispõe que "a utilização do Código de Contrações e Abreviaturas Braille será feita gradativamente, cabendo ao Ministro da Educação e Cultura, ouvido o Instituto Benjamin Constant, baixar regulamento sobre prazos da obrigatoriedade a que se refere o artigo anterior e seu emprego nas revistas impressas pelo sistema Braille no Brasil, livros didáticos e obras de difusão cultural, literária ou científica".

6. Assim, depreende-se da leitura do mencionado dispositivo legal que há previsão expressa para que a União, por meio do Ministério da Educação e Cultura, baixe regulamentos sobre prazos para que a obrigatoriedade da utilização das convenções em braille seja adotada em todo o território nacional, por intermédio de revistas, livros didáticos e obras de difusão cultural, literária ou científica.

7. Mostra-se desrespeitosa a inércia estatal, uma vez que, apesar de o normativo legal estar presente no ordenamento jurídico pátrio desde 1962, até o presente momento não foram adotadas as medidas por ele exigidas.

Direito das Pessoas com Deficiência | 141

8. Todavia, a despeito dos argumentos acima indicados, o apelo recursal não merece prosperar. Isso porque, ao dirimir a controvérsia, o Tribunal a quo utilizou os seguintes argumentos para embasar o seu *decisum*: a) o Estado não pode impor, por regulamento, determinação que seria gritantemente inconstitucional; b) o pedido formulado pelo recorrente viola o disposto no art. 5º, II, da Constituição Federal, bem como os princípios constitucionais da ordem econômica e da livre concorrência; c) a União já tem adotado medidas que contemplem o comando expresso no art. 208, II, da Constituição Federal; e d) o pedido vertido pelo Ministério Público extrapola a competência constitucional da União.

9. Assim, percebe-se que não se pode conhecer da irresignação contra a ofensa ao art. 1º, XII, da Lei 10.753/2003, uma vez que o mencionado dispositivo legal não foi analisado pela instância de origem. Ausente, portanto, o requisito do prequestionamento, o que atrai, por analogia, o óbice da Súmula 282/STF.

10. Além disso, da leitura do acórdão recorrido, bem como das razões do Recurso Especial interposto pela recorrente, depreende-se que, apesar de ter sido invocado dispositivo legal, foi debatida e solucionada matéria com fundamento eminentemente constitucional, sendo sua apreciação de competência exclusiva do Supremo Tribunal Federal, conforme dispõe o art. 102, III, da CF/1988, razão porque é possível analisar a tese recursal.

11. Finalmente, ressalte-se que, a despeito do desprovimento do presente apelo recursal, nada impede que o Ministério Público adote providências administrativas e judiciais cabíveis e adequadas, inclusive no campo da Lei de Improbidade Administrativa.

12. Recurso Especial não conhecido.

21. DO DIREITO AO TRANSPORTE E À MOBILIDADE

A Constituição Federal traz como um direito fundamental a livre locomoção no território nacional em tempos de paz, deste modo, a pessoa com deficiência, assim como qualquer outra, também goza de referido direito, mas para poder se locomover, precisará de transporte para isso, seja privado, como um carro, ou ainda, transporte público, como ônibus, trem, entre outros.

Mas para que a pessoa com deficiência possa exercer seu direito ao transporte, ela necessitará de acessibilidade para isso, mister a eliminação de barreiras, como escadas, que atualmente já possuem elevadores e rampas para superação desta barreira. O artigo 46 da Lei nº 13.146/2015 dispõe:

> *Art. 46. O direito ao transporte e à mobilidade da pessoa com deficiência ou com mobilidade reduzida será assegurado em igualdade de oportunidades com as demais pessoas, por meio de identificação e de eliminação de todos os obstáculos e barreiras ao seu acesso.*

Note que a mobilidade é também um direito da pessoa com deficiência, logo, uma situação que infelizmente ainda é bem comum, principalmente nas regiões periféricas das grandes cidades e conglomerados é a ausência de passeio público acessível, seja por falta de consciência da população em geral, seja por omissão na fiscalização por parte do poder público, devendo ser objeto de ação a readequação destes passeios para permitir a mobilidade de pessoas com deficiência, pois como uma pessoa com deficiência que utiliza cadeira de rodas conseguirá se locomover por uma rua, se ali não houver acessibilidade nas calçadas, transitar pela pista de rolamento é coloca-la em perigo, e de certa maneira até mesmo contra, na maior parte dos casos, as regras de trânsito.

Visando oferecer a acessibilidade necessária a Lei nº 10.098/2000 em seus artigos 3º em diante determina que o planejamento e a urbanização das vias públicas, dos parques e dos demais espaços de uso público deverão ser concebidos e executados de forma a torná-los acessíveis para todas as pessoas, inclusive para aquelas com deficiência ou com mobilidade reduzida.

O passeio público, elemento obrigatório de urbanização e parte da via pública, normalmente segregado e em nível diferente, destina-se somente à circulação de pedestres e, quando possível, à implantação de mobiliário urbano e de vegetação.

As vias públicas, os parques e os demais espaços de uso público existentes, assim como as respectivas instalações de serviços e mobiliários urbanos deverão ser adaptados, obedecendo-se ordem de prioridade que vise à maior eficiência das modificações, no sentido de promover mais ampla acessibilidade às pessoas com deficiência ou com mobilidade reduzida.

A Lei nº 10.098/2000 ao regular o desenho e a localização do mobiliário urbano, assim dispõe:

> *Art. 8º Os sinais de tráfego, semáforos, postes de iluminação ou quaisquer outros elementos verticais de sinalização que devam ser instalados em itinerário ou espaço de acesso para pedestres deverão ser dispostos de forma a não dificultar ou impedir a circulação, e de modo que possam ser utilizados com a máxima comodidade.*
>
> *Art. 9º Os semáforos para pedestres instalados nas vias públicas deverão estar equipados com mecanismo que emita sinal sonoro suave, intermitente e sem estridência, ou com mecanismo alternativo, que sirva de guia ou orientação para a travessia de pessoas portadoras de deficiência visual, se a intensidade do fluxo de veículos e a periculosidade da via assim determinarem.*
>
> *Parágrafo único. Os semáforos para pedestres instalados em vias públicas de grande circulação, ou que deem acesso aos serviços de reabilitação, devem obrigatoriamente estar equipados com mecanismo que emita sinal sonoro suave para orientação do pedestre.*
>
> *Art. 10. Os elementos do mobiliário urbano deverão ser projetados e instalados em locais que permitam sejam*

eles utilizados pelas pessoas portadoras de deficiência ou com mobilidade reduzida.

Art. 10-A. A instalação de qualquer mobiliário urbano em área de circulação comum para pedestre que ofereça risco de acidente à pessoa com deficiência deverá ser indicada mediante sinalização tátil de alerta no piso, de acordo com as normas técnicas pertinentes.

A acessibilidade nos transportes, independentemente de sua modalidade deve ser provida, e em todas as fases, ou seja, desde o terminal ou ponto de embarque até o desembarque, incluindo os veículos, o atendimento, os pontos de parada, enfim toda a prestação do serviço deve ser acessível, vide § 1º do artigo 46 da Lei Brasileira de Inclusão.

Mesmo que sejam particulares prestando estes serviços, através de outorga, concessão, permissão, a autorização, entre outras modalidades, a acessibilidade deve ser provida.

Para que as empresas de transporte coletivo possam colocar o símbolo internacional de acesso nos veículos, as empresas deverão possuir uma certificação de acessibilidade emitida pelo gestor público responsável pela prestação de serviço, momento no qual verificar-se-á o cumprimento das regras atinentes à acessibilidade.

Dispõe o artigo 5º da Lei nº 10.098/2000 que os veículos de transporte coletivo a serem produzidos após doze meses da publicação desta Lei serão planejados de forma a facilitar o acesso a seu interior das pessoas com deficiência.

Os estacionamentos abertos ao público, sejam eles em áreas públicas, como ruas e avenidas, sejam privados, como exemplo, os de *shopping centers*, deverão possuir vagas reservadas e sinalizadas para as pessoas com deficiência, estas vagas devem ficar próximas aos acessos de circulação de pedestres, seja a pessoa com deficiência motorista ou passageira. Importante frisar, que ao contrário da maior parte das reservas vistas anteriormente, estas não podem ser ocupadas, caso não estejam sendo utilizadas, pois a qualquer momento poderá uma pessoa com deficiência dela necessitar. Previsão do artigo 47 da Lei nº 13.146/2015:

> *Art. 47. Em todas as áreas de estacionamento aberto ao público, de uso público ou privado de uso coletivo e em vias públicas, devem ser reservadas vagas próximas aos acessos de circulação de pedestres, devidamente sinalizadas, para veículos que transportem pessoa com deficiência com comprometimento de mobilidade, desde que devidamente identificados.*

Essa reserva de vagas deve ser o equivalente a 2% do total de vagas, sendo que deverá ser garantida no mínimo 1 vaga.

Para usufruir de referido benefício os veículos estacionados nas vagas reservadas devem exibir, em local de ampla visibilidade, a credencial de beneficiário, a ser confeccionada e fornecida pelos órgãos de trânsito, que disciplinarão suas características e condições de uso.

O uso indevido da vaga sujeitará o infrator as penalidades previstas no artigo 181, XX, do Código de Trânsito Brasileiro.

Referida credencial é vinculada à pessoa com deficiência, válida em todo o território nacional, podendo ser utilizada em veículos distintos.

O artigo 48 da Lei nº 13.146/2015 traz requisitos que devem ser preenchidas no tocante à acessibilidade:

> *Art. 48. Os veículos de transporte coletivo terrestre, aquaviário e aéreo, as instalações, as estações, os portos e os terminais em operação no País devem ser acessíveis, de forma a garantir o seu uso por todas as pessoas.*
>
> *§ 1º Os veículos e as estruturas de que trata o caput deste artigo devem dispor de sistema de comunicação acessível que disponibilize informações sobre todos os pontos do itinerário.*
>
> *§ 2º São asseguradas à pessoa com deficiência prioridade e segurança nos procedimentos de embarque*

e de desembarque nos veículos de transporte coletivo, de acordo com as normas técnicas.

§ 3º Para colocação do símbolo internacional de acesso nos veículos, as empresas de transporte coletivo de passageiros dependem da certificação de acessibilidade emitida pelo gestor público responsável pela prestação do serviço.

Pela inteligência do contido no artigo 49 da Lei Brasileira de Inclusão, as empresas de transporte de fretamento e de turismo, na renovação de suas frotas, são obrigadas ao cumprimento do disposto nos arts. 46 e 48 desta Lei.

Muitas pessoas com deficiência utilizam dos serviços de táxis e vans que ofertam o serviço de transporte particular, no intuito de prover a acessibilidade e a mobilidade também para estas pessoas, o artigo 50 da mesma lei determina que o poder público incentivará a fabricação de veículos acessíveis e a sua utilização como táxis e vans, de forma a garantir o seu uso por todas as pessoas.

Empresas de táxi devem reservar 10% de sua frota em veículos acessíveis à pessoa com deficiência, conforme disposição do artigo 51. Sendo que os valores cobrados essas corridas deverão ser os mesmos cobrados das demais pessoas.

Além disso, a Lei nº 13.146/2015 alterou a Lei nº 12.587/2012 determinando que na outorga de exploração de serviço de táxi, reservar-se-ão 10% (dez por cento) das vagas para condutores com deficiência.

Para concorrer às vagas reservadas para taxistas com deficiência, o condutor com deficiência deverá observar os seguintes requisitos quanto ao veículo utilizado:

"I – ser de sua propriedade e por ele conduzido; e

II – estar adaptado às suas necessidades, nos termos da legislação vigente.

No caso de não preenchimento das vagas na forma estabelecida neste artigo, as remanescentes devem ser disponibilizadas para os demais concorrentes."

No intuito de fomentar a aquisição de veículos que preencham critérios de acessibilidade, o poder público é autorizado a instituir incentivos fiscais com vistas a possibilitar a acessibilidade dos veículos, como por exemplo, podemos citar a redução da alíquota ou até mesmo isenção de alguns tributos, como é o caso do IPI (Imposto sobre Produtos Industrializados).

Com relação as locadoras de veículos, elas estarão obrigadas a oferecer 1 (um) veículo adaptado para uso de pessoa com deficiência, a cada conjunto de 20 (vinte) veículos de sua frota, tendo em vista a obrigação contida no artigo 52 da Lei nº 13.146/2015.

O Decreto nº 9.762/2019 determina que o veículo automotor acessível terá a capacidade para transportar uma pessoa em cadeira de rodas e, no mínimo, mais dois passageiros, excluído o motorista.

Lembrando que o veículo adaptado deverá ter, no mínimo, câmbio automático, direção hidráulica, vidros elétricos e comandos manuais de freio e de embreagem.

A Lei Brasileira de Inclusão alterou a Lei nº 9.503/1997 (Código de Trânsito Brasileiro) para constar que as vagas de estacionamento regulamentado de que trata o inciso XVII do art. 181 do Código de Trânsito deverão ser sinalizadas com as respectivas placas indicativas de destinação e com placas informando os dados sobre a infração por estacionamento indevido.

Ainda, que ao candidato com deficiência auditiva é assegurada acessibilidade de comunicação, mediante emprego de tecnologias assistivas ou de ajudas técnicas em todas as etapas do processo de habilitação.

Sendo que o material didático audiovisual utilizado em aulas teóricas dos cursos que precedem os exames previstos no art. 147

do Código de Trânsito deve ser acessível, por meio de subtitulação com legenda oculta associada à tradução simultânea em Libras.

Sendo assegurado, ainda, ao candidato com deficiência auditiva requerer, no ato de sua inscrição, os serviços de intérprete da Libras, para acompanhamento em aulas práticas e teóricas.

O Decreto nº 5.904/2006 que regulamenta a Lei nº 11.126/2005 que dispõe sobre o direito da pessoa com deficiência visual de ingressar e permanecer em ambientes de uso coletivo acompanhada de cão-guia prevê que no transporte público, a pessoa com deficiência visual acompanhada de cão-guia ocupará, preferencialmente, o assento mais amplo, com maior espaço livre à sua volta ou próximo de uma passagem, de acordo com o meio de transporte.

Abaixo precedente do Superior Tribunal de Justiça:

RECURSO ESPECIAL Nº 1.733.468 – MG (2017/0322488-9)

RELATORA: MINISTRA NANCY ANDRIGHI

EMENTA

DIREITO CIVIL. RECURSO ESPECIAL. AÇÃO DE COMPENSAÇÃO POR DANOS MORAIS. FALHA NA PRESTAÇÃO DE SERVIÇO DE TRANSPORTE PÚBLICO MUNICIPAL. PESSOA COM DEFICIÊNCIA USUÁRIA DE CADEIRA DE RODAS MOTORIZADA. FALTA DE ACESSIBILIDADE. TRATAMENTO DISCRIMINATÓRIO PELOS PREPOSTOS DA CONCESSIONÁRIA. EMBARGOS DE DECLARAÇÃO. OMISSÃO, CONTRADIÇÃO, OBSCURIDADE OU ERRO MATERIAL. AUSÊNCIA. ANÁLISE DE DIREITO LOCAL. INVIABIALIDADE. VIOLAÇÃO DO DIREITO AO TRANSPORTE E MOBILIDADE DO USUÁRIO DO SERVIÇO. DANO MORAL CONFIGURADO. VALOR FIXADO PELO TRIBUNAL DE ORIGEM. ADEQUAÇÃO. HONORÁRIOS DE SUCUMBÊNCIA. MAJORAÇÃO.

1. Ação ajuizada em 02/12/2015. Recurso especial interposto em 22/05/2017 e distribuído ao Gabinete em 23/01/2018.

Direito das Pessoas com Deficiência | 149

2. O propósito recursal, para além da negativa de prestação jurisdicional, consiste em avaliar a razoabilidade do quantum fixado pelo Tribunal de origem a título de compensação por danos morais ao recorrido, por ter sido negligenciado e discriminado enquanto pessoa com deficiência física motora, na utilização de ônibus do transporte coletivo urbano.

3. Ausentes os vícios de omissão, contradição, obscuridade ou erro material no acórdão recorrido, não há se falar em violação do art. 1.022 do CPC/2015.

4. É inviável a análise de direito local em sede de recurso especial, ante a aplicação analógica da Súmula 280/STF.

5. A Convenção Internacional sobre os Direitos das Pessoas com Deficiência – incorporada ao ordenamento pátrio com status de emenda constitucional – alçou a acessibilidade a princípio geral a ser observado pelos Estados Partes, atribuindo-lhe, também, o caráter de direito humano fundamental, sob a visão de que a deficiência não se trata de um problema na pessoa a ser curado, mas de um problema na sociedade, que impõe barreiras que limitam ou até mesmo impedem o pleno desempenho dos papeis sociais (o denominado "modelo social da deficiência").

6. Nessa linha, a Lei 13.146/2015 (Lei Brasileira de Inclusão da Pessoa com Deficiência – LBI) define a acessibilidade como "possibilidade e condição de alcance para utilização, com segurança e autonomia, de espaços, mobiliários, equipamentos urbanos, edificações, transportes, informação e comunicação, inclusive seus sistemas e tecnologias, bem como de outros serviços e instalações abertos ao público, de uso público ou privados de uso coletivo, tanto na zona urbana como na rural, por pessoa com deficiência ou com mobilidade reduzida" (art. 3º, I). E mais, dispõe expressamente tratar-se a acessibilidade um direito da pessoa com deficiência, que visa garantir ao indivíduo "viver de forma independente e exercer seus direitos de cidadania e de participação social" (art. 53).

7. A acessibilidade no transporte coletivo é de nodal importância para a efetiva inclusão das pessoas com deficiência, pois lhes propicia o exercício da cidadania e dos direitos e liberdades individuais, interligando-as a locais de trabalho, lazer, saúde, dentre outros. Sem o serviço adequado e em igualdade de oportunidades com os demais indivíduos, as pessoas com deficiência ficam de fora dos espaços urbanos e interações sociais, o que agrava ainda mais a segregação que historicamente lhes é imposta.

8. Hipótese em que a recorrente, enquanto concessionária de serviço público e atora social, falhou bruscamente no seu dever de promoção da integração e inclusão da pessoa com deficiência, indo na contramão do movimento social-jurídico que culminou na promulgação da Convenção e, no plano interno, na elaboração da LBI.

9. Consoante destacou o acórdão recorrido, houveram sucessivas falhas na prestação do serviço, a exemplo do não funcionamento do elevador de acesso aos ônibus e do tratamento discriminatório dispensado ao usuário pelos prepostos da concessionária. A renitência da recorrente em fornecer o serviço ao recorrido é de tal monta que se chegou à inusitada situação de o usuário "precisar se esconder e pedir a outra pessoa dar o sinal, pois o motorista do ônibus não pararia se o visse no ponto".

10. Nesse cenário, o dano moral, entendido como lesão à esfera dos direitos da personalidade do indivíduo, sobressai de forma patente. As barreiras físicas e atitudinais impostas pela recorrente e seus prepostos repercutiram na esfera da subjetividade do autor-recorrido, restringindo, ainda, seu direito à mobilidade.

11. Não há se falar em redução do quantum compensatório, estimado pelo Tribunal de origem em R$ 25.000,00 (vinte e cinco mil reais), diante da gravidade da agressão à dignidade do recorrido enquanto ser humano.

12. Recurso especial conhecido e não provido, com majoração dos honorários advocatícios de sucumbência.

Direito das Pessoas com Deficiência | 151

ACÓRDÃO

Vistos, relatados e discutidos estes autos, acordam os Ministros da Terceira Turma do Superior Tribunal de Justiça, na conformidade dos votos e das notas taquigráficas constantes dos autos, por unanimidade, negar provimento ao recurso especial, com majoração dos honorários advocatícios, nos termos do voto da Sra. Ministra Relatora. Os Srs. Ministros Paulo de Tarso Sanseverino, Ricardo Villas Bôas Cueva, Marco Aurélio Bellizze e Moura Ribeiro votaram com a Sra. Ministra Relatora.

22. DA ACESSIBILIDADE

O dicionário conceitua acessibilidade como a propriedade do material confeccionado para que qualquer pessoa tenha acesso, consiga ver, usar, compreender; diz-se, principalmente, do material que se destina à inclusão social de pessoas com alguma deficiência.

A Lei nº 13.146/2015 conceitua a acessibilidade em seu artigo 3º, I como sendo a possibilidade e condição de alcance para utilização, com segurança e autonomia, de espaços, mobiliários, equipamentos urbanos, edificações, transportes, informação e comunicação, inclusive seus sistemas e tecnologias, bem como de outros serviços e instalações abertos ao público, de uso público ou privados de uso coletivo, tanto na zona urbana como na rural, por pessoa com deficiência ou com mobilidade reduzida.

Nesta esteira, ao analisar os dispositivos da Convenção Internacional da Pessoa com deficiência Carolina Valença Ferraz[21] assim ensina:

> *(...) os mecanismos criados pelas pessoas com deficiência para que possam comunicar-se, movimentar-se, participar da vida social, não devem ser tidos como meras curiosidades, mas como expressões legítimas da sua*

---

21 Ferraz, Carolina Valença e outros autores em Manual dos Direitos da Pessoa com Deficiência, Data de fechamento da edição 30-03-2012. São Paulo – SP, Editora Saraiva, 2012, pág. 25)

condição e absorvidas pela sociedade, para que as barreiras que a própria sociedade lhes impõe sejam afastadas. Atribui-se, ademais, à própria sociedade a missão de criar instrumentos a partir do conceito de "desenho universal", que a capacitem a vencer as próprias deficiências em face dos cidadãos, cujo impedimentos pessoais são atendidos pela presente norma constitucional e internacional. Trata-se, portanto, de estabelecer uma via de mão dupla entre o cidadão com deficiência e o seu meio.

Perceba que o conceito de acessibilidade deve ser visto mais como um princípio do que como uma norma, tendo em vista a necessária elasticidade do conceito, não podendo se restringir a uma ou outra situação, mas permitir o acesso, o alcance, a utilização dos mais diversos recursos, sistemas, espaços, equipamentos e tudo que está à disposição das demais pessoas.

A acessibilidade permite que a pessoa com deficiência ou com mobilidade reduzida possa viver de forma independente e com autonomia, a acessibilidade permite a superação das diversas barreiras que ela enfrentará no exercício dos seus direitos e liberdade fundamentais, efetivando seus direitos de cidadão e provendo a inclusão social.

Por conseguinte, perceba que em grande parte dos casos, para que a pessoa com deficiência possa usufruir de outros direitos far-se-á imprescindível a acessibilidade, por exemplo, para uma pessoa com deficiência física na modalidade paraplegia exercer seu direito à locomoção, possivelmente precisará de uma cadeira de rodas, que por sua vez precisará de acesso diferenciado e mobilidade nos passeios públicos, nos edifícios (pois não conseguirá subir escadas), no transporte público, dentre muitas outras situações.

Ou ainda, uma pessoa com deficiência auditiva, ao ingressar em um órgão do Poder Judiciário para exercer seu direito de ação ou de acesso à informação precisará, em alguns casos, de tradutor e intérprete de LIBRAS (Língua Brasileira de Sinais), logo, o exer-

Direito das Pessoas com Deficiência | 153

cício dos seus direitos fundamentais depende de acessibilidade, motivo pelo qual podemos classificá-la como princípio e não meramente como norma, pois é constantemente necessária ao exercício de seus direitos e liberdade fundamentais.

A Lei nº 13.146/2015 em seu artigo 54 determina que estão sujeitas ao cumprimento da lei e ainda de outras normas que tenham referência a acessibilidade, desde que tenham relação com a matéria nela regulada:

I – a aprovação de projeto arquitetônico e urbanístico ou de comunicação e informação, a fabricação de veículos de transporte coletivo, a prestação do respectivo serviço e a execução de qualquer tipo de obra, quando tenham destinação pública ou coletiva;

II – a outorga ou a renovação de concessão, permissão, autorização ou habilitação de qualquer natureza;

III – a aprovação de financiamento de projeto com utilização de recursos públicos, por meio de renúncia ou de incentivo fiscal, contrato, convênio ou instrumento congênere; e

IV – a concessão de aval da União para obtenção de empréstimo e de financiamento internacionais por entes públicos ou privados.

O artigo 55 da mesma lei determina que os projetos, desde a concepção até a implantação, que tratem do meio físico de transporte, de informação e comunicação, incluindo os sistemas e tecnologias de informação e comunicação e de outros serviços, equipamentos e instalações abertos ao público, de uso público ou privado de uso coletivo, tanto na zona urbana como na rural, devem atender aos princípios do desenho universal, tendo como referência as normas de acessibilidade.

Consequentemente, imagine por exemplo um projeto que verse sobre a construção de uma estação de trem, este projeto, desde a sua concepção deve ser elaborado levando em consideração, este que é um verdadeiro princípio, a acessibilidade, o piso tátil para as pessoas com deficiência visual, a existência de elevadores e rampas, em substituição às escadas, o itinerário em braille, dentre muitas outras medidas, como a capacitação de profissionais para o atendimento de pessoas que necessitem tradutores e intérpretes, a adequação de sistemas tecnológicos, como as máquinas leitoras de cartões de transporte que são carregáveis para que uma pessoa com deficiência visual possa operar referido equipamento e efetuar a recarga do seu bilhete.

Instalações abertas ao público, são locais que recebem pessoas, usuários, clientes, interessados, que podem ser de uso público, como exemplo parques, praças, dentre outros, ou ainda, podem ser privados de uso coletivo, como exemplo um *shopping center.*

A regra geral é o desenho universal (vide parágrafo 1º do artigo 55), dessa maneira, estes projetos que tratem do meio físico já devem ser elaborados levando em consideração as mais diversas necessidades, para que possam ser utilizados por todas as pessoas, sem a necessidade de adaptações, mas não as excluindo, caso se façam necessárias pela impossibilidade de empreender o desenho universal.

A Acessibilidade é um princípio que deve ser difundido cada vez mais, e não só difundido, mas também desenvolvido, melhorado. Para isso o § 3º do artigo 55 da Lei Brasileira de Inclusão determina que caberá ao poder público promover a inclusão de conteúdos temáticos referentes ao desenho universal nas diretrizes curriculares da educação profissional e tecnológica e do ensino superior e na formação das carreiras de Estado.

Posto isto, descobrir novas técnicas, produtos, métodos e serviços que buscam a universalidade da utilização e do acesso, além de implantar cada vez mais o desenho universal, é uma medida que visa o aprimoramento da acessibilidade, através do desenho universal, que será conhecido e melhorado.

Nesta esteira, o § 4º do mesmo artigo prevê que os programas, os projetos e as linhas de pesquisa a serem desenvolvidos com o apoio de organismos públicos de auxílio à pesquisa e de agências de fomento deverão incluir temas voltados para o desenho universal.

As políticas públicas, não ficam de fora da acessibilidade, na verdade, eles devem também observar o desenho universal, desde

Direito das Pessoas com Deficiência | 155

a sua concepção deverão adotá-lo. Assim sendo, uma política habitacional para fornecimento de habitações a baixo custo, deverá contemplar regras para o desenho universal, ou ainda, programas de capacitação para o ingresso no mercado de trabalho, devem ocorrer com inclusão social e com adoção de acessibilidade, através do desenho universal, inteligência do § 5º do artigo 55.

Desde a entrada em vigor da Lei nº 13.146/2015 edificações que são abertas ao público, tanto de uso público, como privadas de uso coletivo quando construídas devem ser feitas tendo em conta o princípio da acessibilidade e suas normas, assim como reformas e ampliações.

O Engenheiro e o Arquiteto ao conceber referidos projetos, devem observar o desenho universal e as regras de acessibilidade, pois o Estatuto da Pessoa com Deficiência, em seu artigo 56, § 1º, torna inequívoco que as entidades de fiscalização profissional das atividades de Engenharia e de Arquitetura e correlatas, devem fiscalizar o cumprimento da acessibilidade por seus associados, quando da anotação da responsabilidade técnica dos projetos.

Ainda, o parágrafo 2º do citado artigo dispõe que para a aprovação, o licenciamento ou a emissão de certificado de projeto executivo arquitetônico, urbanístico e de instalações e equipamentos temporários ou permanentes e para o licenciamento ou a emissão de certificado de conclusão de obra ou de serviço, deve ser atestado o atendimento às regras de acessibilidade.

Após certificar a acessibilidade de edificação ou de serviços, o poder público determinará a colocação, em locais que a visibilidade seja ampla do símbolo internacional de acesso, nos moldes do previsto no § 3º do referido artigo.

Edificações, sejam elas públicas ou privadas de uso coletivo, que já existiam, antes da entrada em vigor do Estatuto também devem garantir a acessibilidade em todas as suas dependências e serviços, conforme previsão do artigo 57 da Lei nº 13.146/2915.

A Lei nº 10.098/2000 determina em seu parágrafo 4º que os logradouros e sanitários públicos, bem como os edifícios de uso público, terão normas de construção, para efeito de licenciamento da respectiva edificação, baixadas pela autoridade competente, destinadas a facilitar o acesso e uso desses locais pelas pessoas portadoras de deficiência.

A mesma lei ao regular a acessibilidade nos edifícios públicos ou de uso coletivo, assim prevê:

> *Art. 11. A construção, ampliação ou reforma de edifícios públicos ou privados destinados ao uso coletivo deverão ser executadas de modo que sejam ou se tornem acessíveis às pessoas portadoras de deficiência ou com mobilidade reduzida.*
>
> *Parágrafo único. Para os fins do disposto neste artigo, na construção, ampliação ou reforma de edifícios públicos ou privados destinados ao uso coletivo deverão ser observados, pelo menos, os seguintes requisitos de acessibilidade:*
>
> *I – nas áreas externas ou internas da edificação, destinadas a garagem e a estacionamento de uso público, deverão ser reservadas vagas próximas dos acessos de circulação de pedestres, devidamente sinalizadas, para veículos que transportem pessoas portadoras de deficiência com dificuldade de locomoção permanente;*
>
> *II – pelo menos um dos acessos ao interior da edificação deverá estar livre de barreiras arquitetônicas e de obstáculos que impeçam ou dificultem a acessibilidade de pessoa portadora de deficiência ou com mobilidade reduzida;*
>
> *III – pelo menos um dos itinerários que comuniquem horizontal e verticalmente todas as dependências e serviços do edifício, entre si e com o exterior, deverá cumprir os requisitos de acessibilidade de que trata esta Lei; e*
>
> *IV – os edifícios deverão dispor, pelo menos, de um banheiro acessível, distribuindo-se seus equipamentos e acessórios de maneira que possam ser utilizados por*

Direito das Pessoas com Deficiência | 157

pessoa portadora de deficiência ou com mobilidade reduzida.

Art. 12. Os locais de espetáculos, conferências, aulas e outros de natureza similar deverão dispor de espaços reservados para pessoas que utilizam cadeira de rodas, e de lugares específicos para pessoas com deficiência auditiva e visual, inclusive acompanhante, de acordo com a ABNT, de modo a facilitar-lhes as condições de acesso, circulação e comunicação.

Art. 12-A. Os centros comerciais e os estabelecimentos congêneres devem fornecer carros e cadeiras de rodas, motorizados ou não, para o atendimento da pessoa com deficiência ou com mobilidade reduzida.

Em relação à acessibilidade nos edifícios de uso privado a Lei 10.098/2000 dispõe em seus artigos 13 e 14 que os edifícios de uso privado em que seja obrigatória a instalação de elevadores deverão ser construídos atendendo aos seguintes requisitos mínimos de acessibilidade:

I – percurso acessível que una as unidades habitacionais com o exterior e com as dependências de uso comum;

II – percurso acessível que una a edificação à via pública, às edificações e aos serviços anexos de uso comum e aos edifícios vizinhos;

III – cabine do elevador e respectiva porta de entrada acessíveis para pessoas portadoras de deficiência ou com mobilidade reduzida.

Os edifícios a serem construídos com mais de um pavimento além do pavimento de acesso, à exceção das habitações unifamiliares, e que não estejam obrigados à instalação de elevador, deverão dispor de especificações técnicas e de projeto que facilitem a instalação de um elevador adaptado, devendo os demais elementos de uso comum destes edifícios atender aos requisitos de acessibilidade.

O artigo 58 do Estatuto da Pessoa com Deficiência prevê que a construção de edificação de uso privado multifamiliar, como prédios e condomínios devem atender aos preceitos de acessibilidade, na forma regulamentar.

Por sua vez o Decreto nº 9.451/2018, que regulamenta dito dispositivo, conceitua edificação de uso privado multifamiliar como aquela com duas ou mais unidades autônomas destinadas ao uso residencial, ainda que localizadas em pavimento único, sendo que referido decreto regulamenta direitos relacionados à aquisição da moradia de pessoas com deficiência, como exemplo o direito do adquirente do imóvel poder solicitar, por escrito, a adaptação razoável de sua unidade adaptável até a data do início da obra, informando à construtora ou à incorporadora sobre os itens de sua escolha para instalação na unidade adquirida, sendo que é vedada a cobrança de valores adicionais para a aquisição de unidades internamente acessíveis ou a adaptação razoável da unidade autônoma, reservado o direito de retenção em determinados casos.

O Decreto ainda prevê que serão reservadas dois por cento das vagas de garagem ou estacionamento, vinculadas ao empreendimento, para uso comum, para veículos que transportem pessoa com deficiência com comprometimento de mobilidade

O parágrafo 1º do artigo 58 do Estatuto da Pessoa com Deficiência prevê que as construtoras e incorporadoras responsáveis pelo projeto e pela construção das edificações a que se refere o artigo devem assegurar percentual mínimo de suas unidades internamente acessíveis, na forma regulamentar.

O decreto por sua vez determina que caso o projeto não permita uma alteração posterior para garantir as adaptações pleiteadas pela pessoa com deficiência, deve haver um porcentual de no mínimo três por cento das unidades internamente acessíveis, não restritas ao pavimento térreo.

Destarte, essas edificações devem ser concebidas de maneira a preverem unidades que possam ser adaptadas às necessidades das pessoas com deficiência, e caso isso não seja possível, aí sim, iremos ter um percentual de unidades que sejam acessíveis.

Direito das Pessoas com Deficiência | 159

É vedada a cobrança de valores adicionais para a aquisição de unidades internamente acessíveis a que se refere o § 1º deste artigo.

Em determinadas situações faz-se necessária a intervenção do Poder Público ou de concessionárias nas vias e espaços públicos, como por exemplo, a reforma do passeio púbico, ou o recapeamento de uma rodovia, o artigo 59 da Lei nº 13.146/2015 determina que em qualquer intervenção nas vias e nos espaços públicos, o poder público e as empresas concessionárias responsáveis pela execução das obras e dos serviços devem garantir, de forma segura, a fluidez do trânsito e a livre circulação e acessibilidade das pessoas, durante e após sua execução.

O artigo 60 da mesma lei determina que irão sujeitar-se, no que pertinente, as regras, leis e normas de acessibilidade:

I – os planos diretores municipais, os planos diretores de transporte e trânsito, os planos de mobilidade urbana e os planos de preservação de sítios históricos elaborados ou atualizados a partir da publicação desta Lei;

II – os códigos de obras, os códigos de postura, as leis de uso e ocupação do solo e as leis do sistema viário;

III – os estudos prévios de impacto de vizinhança;

IV – as atividades de fiscalização e a imposição de sanções; e

V – a legislação referente à prevenção contra incêndio e pânico.

No exercício do poder de polícia o poder público concede alvarás de funcionamento para o exercício de atividades, tanto a concessão, como também a renovação, dependerão do preenchimento das regras de acessibilidade, conforme previsão do artigo 60, § 1º da Lei nº 13.146/2015, assim como a emissão de carta de habite-se ou de habilitação equivalente e sua renovação, quando esta tiver sido emitida anteriormente às exigências de acessibilidade, é condicionada à observação e à certificação das regras de acessibilidade (§ 2º).

Segundo o artigo 61 do Estatuto:

> *Art. 61. A formulação, a implementação e a manutenção das ações de acessibilidade atenderão às seguintes premissas básicas:*
>
> *I – eleição de prioridades, elaboração de cronograma e reserva de recursos para implementação das ações; e*
>
> *II – planejamento contínuo e articulado entre os setores envolvidos.*

Para assegurar que a pessoa com deficiência possa ter acesso a informações em condições de igualdade com as demais pessoas, caso ela solicite, será assegurado o recebimento de contas, boletos, recibos, extratos e cobranças de tributos em formato acessível, inteligência do artigo 62 da Lei Brasileira de Inclusão.

O artigo 93 da mesma lei dispõe que na realização de inspeções e de auditorias pelos órgãos de controle interno e externo, deve ser observado o cumprimento da legislação relativa à pessoa com deficiência e das normas de acessibilidade vigentes. Sendo assim, uma fiscalização feita, por exemplo pela Controladoria Geral da União sobre uma obra pública, deve também avaliar se a legislação referente à acessibilidade foi cumprida.

De acordo com o previsto no artigo 95 da Lei nº 13.146/2015 é proibido exigir o comparecimento de pessoa com deficiência perante os órgãos públicos quando seu deslocamento, em razão de sua limitação funcional e de condições de acessibilidade, imponha-lhe ônus desproporcional e indevido, situação na qual serão observados os seguintes procedimentos:

I – quando for de interesse do poder público, o agente promoverá o contato necessário com a pessoa com deficiência em sua residência;

II – quando for de interesse da pessoa com deficiência, ela apresentará solicitação de atendimento domiciliar ou fará representar-se por procurador constituído para essa finalidade.

Direito das Pessoas com Deficiência | 161

Quando seu deslocamento, em razão de sua limitação funcional e de condições de acessibilidade, imponha-lhe ônus desproporcional e indevido, referido direito se aplica-se também:

1) Nas perícias médicas e sociais do Instituto Nacional do Seguro Social (INSS);

2) Pelos erviço público de saúde ou pelo serviço privado de saúde, contratado ou conveniado, que integre o Sistema Único de Saúde (SUS);

3) Entidades da rede socioassistencial integrantes do Sistema Único de Assistência Social (SUAS).

A Lei nº 11.126/2005 dispõe sobre o direito da pessoa com deficiência visual de ingressar e permanecer em ambientes de uso coletivo acompanhado de cão-guia.

De acordo com esta Lei será assegurado a pessoa com deficiência visual, seja na modalidade cegueira ou baixa visão que esteja acompanhada de cão-guia o direito de ingressar e de permanecer com o animal em todos os meios de transporte e em estabelecimentos abertos ao público, de uso público e privados de uso coletivo, desde que observadas as condições impostas por esta Lei.

Referido direito aplica-se a todas as modalidades e jurisdições do serviço de transporte coletivo de passageiros, inclusive em esfera internacional com origem no território brasileiro.

O artigo 3º da mesma lei determina que constitui ato de discriminação, a ser apenado com interdição e multa, qualquer tentativa voltada a impedir ou dificultar o gozo do citado direito acima.

O Decreto nº 5.904/2006 dispõe que este direito é aplicável também ao treinador, instrutor ou acompanhante habilitado para o ingresso e a permanência de cão em fase de socialização ou treinamento.

O cão em fase de socialização e treinamento deverá ser identificado por uma plaqueta, presa à coleira, com a inscrição "cão-

-guia em treinamento", aplicando-se as mesmas exigências de identificação do cão-guia, dispensado o uso de arreio com alça.

Dispõe, ainda que será vedada a exigência do uso de focinheira nos animais de que trata este Decreto, como condição para o ingresso e permanência nos locais descritos.

Contudo, referido Decreto dispõe sobre algumas proibições de locais que o cão-guia não poderá ingressar:

A) Estabelecimentos de saúde nos setores de isolamento, quimioterapia, transplante, assistência a queimados, centro cirúrgico, central de material e esterilização, unidade de tratamento intensivo e semi-intensivo, em áreas de preparo de medicamentos, farmácia hospitalar, em áreas de manipulação, processamento, preparação e armazenamento de alimentos e em casos especiais ou determinados pela Comissão de Controle de Infecção Hospitalar dos serviços de saúde.

B) Nos locais em que seja obrigatória a esterilização individual.

23. DO ACESSO À INFORMAÇÃO E À COMUNICAÇÃO

O ouro está para a época imperial, assim como a informação está para os tempos atuais. Contemporaneamente a informação se tornou um ativo extremamente valioso, pois, através dela as empresas adquirem uma vantagem competitiva, as pessoas obtêm conhecimento para o exercício de atividades, lapidam conhecimentos, habilidades e atitudes que melhoram suas oportunidades no mercado de trabalho, e hoje mais do que nunca, a informação pode ser acessada sem sair de casa, com a utilização da internet e de recursos de tecnologia da informação e comunicação.

O processo de comunicação envolve alguns agentes e requisitos, possuímos um emissor que transmite uma determinada informação por um determinado código, dentro de um determinado canal, o receptor por sua vez, recebe a informação e deve decodificá-la para absorver a mensagem. No entanto, uma pessoa com deficiência, muitas vezes, precisará de acessibilidade para poder receber a mensagem, diferentemente das demais pessoas, como um exemplo, imagine uma pessoa com deficiência auditiva, como ela conseguirá absorver as mensagens do telejornal, caso não haja mecanismos de legenda ou tradutor em LIBRAS?

O direito de acesso à informação é inclusive previsto como um direito fundamental de acordo com a Constituição Federal, em seu artigo 5º, XIV, é previsto que é assegurado a todos o acesso à informação e resguardado o sigilo da fonte, quando necessário ao exercício profissional. Ter acesso à informação e comunicação, é mais do que poder utilizar os canais de comunicação como televisão, rádio, telefone, mas também poder ter acesso aos atos do governo, as informações pessoais que o poder público possui sobre você.

A Lei nº 10.436/2002 dispõe sobre a Língua Brasileira de Sinais – LIBRAS, reconhecendo como meio legal de comunicação e expressão a Língua Brasileira de Sinais – LIBRAS e outros recursos de expressão a ela associados. De acordo com citada Lei, entende-se como Língua Brasileira de Sinais – LIBRAS a forma de comunicação e expressão, em que o sistema linguístico de natureza visual-motora, com estrutura gramatical própria, constitui um sistema linguístico de transmissão de ideias e fatos, oriundos de comunidades de pessoas surdas do Brasil. Determina ainda que deve ser garantido, por parte do poder público em geral e empresas concessionárias de serviços públicos, formas institucionalizadas de apoiar o uso e difusão da Língua Brasileira de Sinais – LIBRAS como meio de comunicação objetiva e de utilização corrente das comunidades surdas do Brasil.

De acordo com seu artigo 3º e 4º as instituições públicas e empresas concessionárias de serviços públicos de assistência à saúde devem garantir atendimento e tratamento adequado as pessoas com deficiência auditiva, de acordo com as normas legais em vigor. O sistema educacional federal e os sistemas educacionais estaduais, municipais e do Distrito Federal devem garantir a inclusão nos cursos de formação de Educação Especial, de Fonoaudiologia e de Magistério, em seus níveis médio e superior, do ensino da Língua Brasileira de Sinais – LIBRAS, como parte integrante dos Parâmetros Curriculares Nacionais – PCNs, conforme legislação vigente.

A Língua Brasileira de Sinais – LIBRAS não poderá substituir a modalidade escrita da língua portuguesa.

Referida Lei é regulamentada pelo Decreto 5.626/2005, dispondo que:

> Art. 3º A Libras deve ser inserida como disciplina curricular obrigatória nos cursos de formação de professores para o exercício do magistério, em nível médio e superior, e nos cursos de Fonoaudiologia, de instituições de ensino, públicas e privadas, do sistema federal de ensino e dos sistemas de ensino dos Estados, do Distrito Federal e dos Municípios.
>
> § 1º Todos os cursos de licenciatura, nas diferentes áreas do conhecimento, o curso normal de nível médio, o curso normal superior, o curso de Pedagogia e o curso de Educação Especial são considerados cursos de formação de professores e profissionais da educação para o exercício do magistério.
>
> § 2º A Libras constituir-se-á em disciplina curricular optativa nos demais cursos de educação superior e na educação profissional, a partir de um ano da publicação deste Decreto.

A Lei nº 13.146/2015 em seu artigo 63 determina que será obrigatória a acessibilidade nos sítios da internet mantidos por empresas com sede ou representação comercial no País ou por órgãos de governo, para uso da pessoa com deficiência, garantindo-lhe acesso às informações disponíveis, conforme as melhores práticas e diretrizes de acessibilidade adotadas internacionalmente, deste modo a pessoa com deficiência tem o direito de ter acesso as informações disponíveis na rede mundial de computadores, uma das iniciativas neste sentido que temos atualmente é a existência de alguns softwares disponíveis no mercado que fazem a leitura da tela para pessoa com deficiência visual.

De acordo com o parágrafo 1º do mesmo artigo os sítios devem conter símbolo de acessibilidade em destaque.

Os telecentros comunitários são espaços, normalmente públicos, nos quais as pessoas podem utilizar computadores e outros equipamentos eletrônicos para ter acesso à internet, enquanto que as *lan houses*, normalmente são privadas, mas possuem finalidades similares, qual seja, permitir o acesso a computadores e a rede mundial de computadores. O § 2º do já citado artigo determina que telecentros comunitários que receberem recursos públicos federais para seu custeio ou sua instalação e *lan houses* devem possuir equipamentos e instalações acessíveis. Estes telecentros e *lan houses* devem garantir, no mínimo, 10% (dez por cento) de seus computadores acessíveis para pessoa com deficiência com visual, tendo pelo mesmo 1 (um) equipamento, deste modo, além dos softwares de leituras de tela, o teclado também deve ser acessível, para que a pessoa com deficiência visual consiga utilizá-lo.

Empresas prestadores de serviços de telecomunicações também devem garantir pleno acesso à pessoa com deficiência, inteligência do artigo 65 da Lei nº 13.146/2015.

Conforme artigo 66 da mesma lei o poder público deverá incentivar que seja ofertado aparelhos de telefonia fixa e móvel celular acessíveis, que além de outras tecnologias assistivas, possam ter a possibilidade de indicação e de ampliação sonoras de todas as operações e funções disponíveis. Exemplo são os telefones que possuem caracteres ampliados e sistemas operacionais que permitem a acessibilidade quando configurados corretamente.

Sobre os serviços de radiodifusão de sons e imagens, o artigo 67 da Lei Brasileira de Inclusão dispõe que devem permitir o uso dos seguintes recursos, entre outros:

I – subtitulação por meio de legenda oculta;

II – janela com intérprete da Libras;

III – audiodescrição.

Quanto aos livros em formato acessível dispõe o Estatuto da Pessoa com Deficiência:

> *Art. 68. O poder público deve adotar mecanismos de incentivo à produção, à edição, à difusão, à distribuição e à comercialização de livros em formatos acessíveis, inclusive em publicações da administração pública ou financiadas com recursos públicos, com vistas a garantir à pessoa com deficiência o direito de acesso à leitura, à informação e à comunicação.*
>
> *§ 1º Nos editais de compras de livros, inclusive para o abastecimento ou a atualização de acervos de bibliotecas em todos os níveis e modalidades de educação e de bibliotecas públicas, o poder público deverá adotar cláusulas de impedimento à participação de editoras que não ofertem sua produção também em formatos acessíveis.*
>
> *§ 2º Consideram-se formatos acessíveis os arquivos digitais que possam ser reconhecidos e acessados por softwares leitores de telas ou outras tecnologias assistivas que vierem a substituí-los, permitindo leitura com voz sintetizada, ampliação de caracteres, diferentes contrastes e impressão em Braille.*
>
> *§ 3º O poder público deve estimular e apoiar a adaptação e a produção de artigos científicos em formato acessível, inclusive em Libras.*

Conforme artigo 69 da Lei Brasileira de Inclusão da Pessoa com Deficiência. Os diversos produtos e serviços que são ofertados, por quaisquer meios de comunicação empregados, como por exemplo, por rádio, televisão ou pela internet, devem ter assegurados pelo poder público que haja a disponibilidade de informações corretas e claras, sobre a quantidade, qualidade, características, composição e preço, bem como eventuais riscos à saúde e à segurança do consumidor com deficiência. Sendo aplicável, no

Direito das Pessoas com Deficiência | 167

que for possível, as disposições dos artigos 30 a 41 do Código de Defesa do Consumidor.

Complementado pelos seus parágrafos abaixo:

§ 1º Os canais de comercialização virtual e os anúncios publicitários veiculados na imprensa escrita, na internet, no rádio, na televisão e nos demais veículos de comunicação abertos ou por assinatura devem disponibilizar, conforme a compatibilidade do meio, os recursos de acessibilidade de que trata o art. 67 desta Lei, a expensas do fornecedor do produto ou do serviço, sem prejuízo da observância do disposto nos arts. 36 a 38 da Lei nº 8.078, de 11 de setembro de 1990.

§ 2º Os fornecedores devem disponibilizar, mediante solicitação, exemplares de bulas, prospectos, textos ou qualquer outro tipo de material de divulgação em formato acessível.

Segundo o artigo 70 da Lei Brasileira de Inclusão, as instituições promotoras de congressos, seminários, oficinas e demais eventos de natureza científico-cultural devem oferecer à pessoa com deficiência, no mínimo, os recursos de tecnologia assistiva previstos no art. 67 desta Lei, ou seja:

I – subtitulação por meio de legenda oculta;

II – janela com intérprete da Libras;

III – audiodescrição.

Sendo que o mesmo diploma legal, em seu artigo 71, determina que estes eventos, quando promovidos ou financiados pelo poder público devem garantir as condições de acessibilidade e os recursos de tecnologia assistiva.

Visando melhorar os recursos de tecnologia assistiva existentes, bem como a criação de novos métodos, técnicas, produtos e serviços o artigo 72 dispõe que os programas, as linhas de pesquisa e os projetos a serem desenvolvidos com o apoio de agências de financiamento e de órgãos e entidades integrantes da administração pública que atuem no auxílio à pesquisa devem contemplar temas voltados à tecnologia assistiva.

Visando que a acessibilidade seja realmente existente e existam profissionais capazes de implementá-la, o artigo 73 da Lei nº 13.146/2015 determina que caberá ao poder público, diretamente ou em parceria com organizações da sociedade civil, promover a capacitação de tradutores e intérpretes da Libras, de guias intérpretes e de profissionais habilitados em Braille, audiodescrição, estenotipia e legendagem.

A Lei nº 10.098/2000 prevê em seu artigo 17 que o Poder Público promoverá a eliminação de barreiras na comunicação e estabelecerá mecanismos e alternativas técnicas que tornem acessíveis os sistemas de comunicação e sinalização às pessoas portadoras de deficiência sensorial e com dificuldade de comunicação, para garantir-lhes o direito de acesso à informação, à comunicação, ao trabalho, à educação, ao transporte, à cultura, ao esporte e ao lazer.

Sobre a acessibilidade nos sistemas de comunicação e sinalização, assim dispõe a Lei 10.098/2000:

> *Art. 18. O Poder Público implementará a formação de profissionais intérpretes de escrita em braile, linguagem de sinais e de guias-intérpretes, para facilitar qualquer tipo de comunicação direta à pessoa portadora de deficiência sensorial e com dificuldade de comunicação. Regulamento*
>
> *Art. 19. Os serviços de radiodifusão sonora e de sons e imagens adotarão plano de medidas técnicas com o objetivo de permitir o uso da linguagem de sinais ou outra subtitulação, para garantir o direito de acesso à informação às pessoas portadoras de deficiência auditiva, na forma e no prazo previstos em regulamento.*

Nas linhas abaixo você poderá identificar um precedente do Superior Tribunal de Justiça sobre o tema abordado:

AGRAVO INTERNO NO RECURSO ESPECIAL Nº 1.377.941 – RJ (2013/0098806-8)

RELATOR: MINISTRO MARCO AURÉLIO BELLIZZE

EMENTA

AGRAVO INTERNO NO RECURSO ESPECIAL. NEGATI-VA DE PRESTAÇÃO JURISDICIONAL. NÃO OCORRÊNCIA. AÇÃO CIVIL PÚBLICA. AÇÃO DESTINADA A IMPOR À INSTITUIÇÃO FINANCEIRA DEMANDADA A OBRIGAÇÃO DE ADOTAR O MÉTODO BRAILLE NOS CONTRATOS BAN-CÁRIOS DE ADESÃO CELEBRADOS COM PESSOA POR-TADORA DE DEFICIÊNCIA VISUAL. DEVER LEGAL CON-SISTENTE NA UTILIZAÇÃO DO MÉTODO BRAILLE NAS RELAÇÕES CONTRATUAIS BANCÁRIAS ESTABELECIDAS COM CONSUMIDORES PORTADORES DE DEFICIÊNCIA VISUAL. EXISTÊNCIA. NORMATIVIDADE COM ASSENTO CONSTITUCIONAL E LEGAL. OBSERVÂNCIA. NECESSIDA-DE. PRECEDENTES DAS TURMAS DE DIREITO PRIVADO DO STJ. ENUNCIADO Nº 83 DA SÚMULA DO STJ. INCIDÊN-CIA. IMPOSIÇÃO DE MULTA DIÁRIA PARA O DESCUMPRI-MENTO DAS DETERMINAÇÕES JUDICIAIS. REVISÃO DO VALOR FIXADO DEVIDAMENTE EFETIVADA NA DECISÃO AGRAVADA. AGRAVO INTERNO IMPROVIDO.

1. Infere-se que todas as questões relevantes para o deslinde da causa, devolvidas no âmbito recursal, foram devidamente apreciadas, tendo o Tribunal de Justiça do Estado do Rio de Janeiro proferido os seus acórdãos com suficiente e idônea fundamentação, razão pela qual se afigura insubsistente a alegação de negativa de prestação jurisdicional.

2. O entendimento exarado na origem converge com o posicionamento firmado no âmbito das Turmas de Direito Privado do STJ, segundo o qual "ainda que não houvesse, como de fato há, um sistema legal protetivo específico das pessoas portadoras de deficiência (Leis nºs 4.169/62, 10.048/2000, 10.098/2000 e Decreto nº 6.949/2009), a obrigatoriedade da utilização do método braille nas contratações bancárias estabelecidas com pessoas com deficiência visual encontra lastro, para além da legislação consumerista *in totum* aplicável à espécie, no próprio princípio da Dignidade da Pessoa Humana".

2.1 Concluiu-se, por ocasião de tais julgamentos (REsp 1.315.822/RJ, desta Relatoria, Terceira Turma, julgado em 24/03/2015, Dje 16/04/2015, e REsp 1.349.188/RJ, Rel. Ministro Luis Felipe Salomão, Quarta Turma, julgado em 10/05/2016, DJe 22/06/2016), inclusive, que a obrigatoriedade de confeccionar em braille os contratos bancários de adesão e todos os demais documentos fundamentais para a relação de consumo estabelecida com indivíduo portador de deficiência visual, além de encontrar esteio no ordenamento jurídico nacional, afigura-se absolutamente razoável, impondo à instituição financeira encargo próprio de sua atividade, adequado e proporcional à finalidade perseguida, consistente em atender ao direito de informação do consumidor, indispensável à validade da contratação, e, em maior extensão, ao Princípio da Dignidade da Pessoa Humana.

3. Cingindo-se a discussão ao valor arbitrado a título de multa diária, a significativa redução operada pela decisão agravada, para a hipótese de descumprimento das obrigações judiciais, afigura-se suficiente consentânea aos parâmetros da razoabilidade e da proporcionalidade, bem como à finalidade do instituto colimada.

4. Agravo interno improvido.

24. DA TECNOLOGIA ASSISTIVA

A tecnologia assistiva como já visto anteriormente pode ser conceituada como produtos, equipamentos, dispositivos, recursos, metodologias, estratégias, práticas e serviços que objetivem promover a funcionalidade, relacionada à atividade e à participação da pessoa com deficiência ou com mobilidade reduzida, visando à sua autonomia, independência, qualidade de vida e inclusão social. Com relação a este item o artigo 74 da Lei Brasileira de Inclusão determina que é garantido à pessoa com deficiência acesso a produtos, recursos, estratégias, práticas, processos, métodos e serviços de tecnologia assistiva que maximizem sua autonomia, mobilidade pessoal e qualidade de vida. Por isso, à pessoa

Direito das Pessoas com Deficiência | 171

com deficiência deve ser assegurado o acesso a todo este conjunto de produtos, recursos, estratégias, práticas, processos, métodos e serviços, para que possa superar as barreiras e alcançar mais funcionalidade, autonomia e independência.

O artigo 75 determina que o poder público desenvolverá plano específico de medidas, a ser renovado em cada período de 4 (quatro) anos, com a finalidade de:

I – facilitar o acesso a crédito especializado, inclusive com oferta de linhas de crédito subsidiadas, específicas para aquisição de tecnologia assistiva;

II – agilizar, simplificar e priorizar procedimentos de importação de tecnologia assistiva, especialmente as questões atinentes a procedimentos alfandegários e sanitários;

III – criar mecanismos de fomento à pesquisa e à produção nacional de tecnologia assistiva, inclusive por meio de concessão de linhas de crédito subsidiado e de parcerias com institutos de pesquisa oficiais;

IV – eliminar ou reduzir a tributação da cadeia produtiva e de importação de tecnologia assistiva;

V – facilitar e agilizar o processo de inclusão de novos recursos de tecnologia assistiva no rol de produtos distribuídos no âmbito do SUS e por outros órgãos governamentais.

Sendo que o plano específico de medidas deve ser avaliado pelo menos a cada dois anos, para que assim, ele possa ser revisto e atualizado.

A Lei nº 10.645/2021 regulamenta o artigo 75 e dispõe sobre as diretrizes, os objetivos e os eixos do Plano Nacional de Tecnologia Assistiva. Segundo a referida lei, são diretrizes do Plano Nacional de Tecnologia Assistiva:

I – eliminação, redução ou superação de barreiras à inclusão social por meio do acesso e do uso da tecnologia assistiva;

II – fomento à pesquisa, ao desenvolvimento e à inovação para a criação e implementação de produtos, de dispositivos, de metodologias, de serviços e de práticas de tecnologia assistiva;

III – fomento ao empreendedorismo, à indústria nacional e às cadeias produtivas na área de tecnologia assistiva;

IV – promoção da inserção da tecnologia assistiva no campo do trabalho, da educação, do cuidado e da proteção social; e

V – priorização de ações voltadas ao desenvolvimento da autonomia e da independência individuais.

Os objetivos do Plano Nacional de Tecnologia Assistiva são definidos o artigo 4º do mesmo diploma legal, sendo eles:

I – facilitar o acesso a crédito especializado aos usuários de tecnologia assistiva, inclusive com oferta de linhas de crédito subsidiadas, específicas para a aquisição dessa tecnologia;

II – agilizar, simplificar e priorizar procedimentos de importação de tecnologia assistiva, especialmente em questões relativas a procedimentos alfandegários e sanitários;

III – criar mecanismos de fomento à pesquisa e à produção nacional de tecnologia assistiva, inclusive por meio de concessão de linhas de crédito subsidiado e de parcerias com institutos de pesquisa oficiais;

IV – eliminar ou reduzir a tributação da cadeia produtiva e de importação de tecnologia assistiva; e

V – facilitar e agilizar o processo de inclusão de novos recursos de tecnologia assistiva no rol de produtos distribuídos no âmbito do Sistema Único de Saúde – SUS e por outros órgãos e entidades da administração pública.

Os eixos de atuação do referido plano são dispostos no artigo 5º, abaixo elencados:

I – pesquisa, desenvolvimento, inovação e empreendedorismo em tecnologia assistiva;

Direito das Pessoas com Deficiência | 173

II – capacitação em tecnologia assistiva;

III – promoção da cadeia produtiva em tecnologia assistiva;

IV – regulamentação, certificação e registro de tecnologia assistiva; e

V – promoção do acesso à tecnologia assistiva.

Com relação ao tema ajuda técnica a Lei nº 10.098/2000, dispõe:

> *Art. 20. O Poder Público promoverá a supressão de barreiras urbanísticas, arquitetônicas, de transporte e de comunicação, mediante ajudas técnicas.*
>
> *Art. 21. O Poder Público, por meio dos organismos de apoio à pesquisa e das agências de financiamento, fomentará programas destinados:*
>
> *I – à promoção de pesquisas científicas voltadas ao tratamento e prevenção de deficiências;*
>
> *II – ao desenvolvimento tecnológico orientado à produção de ajudas técnicas para as pessoas portadoras de deficiência;*
>
> *III – à especialização de recursos humanos em acessibilidade.*
>
> *Art. 21-A. Às pessoas com deficiência visual será garantido, sem custo adicional, quando por elas solicitado, um kit que conterá, no mínimo:*
>
> *I – etiqueta em braile: filme transparente fixo ao cartão com informações em braile, com a identificação do tipo do cartão e os 6 (seis) dígitos finais do número do cartão;*
>
> *II – identificação do tipo de cartão em braille: primeiro dígito, da esquerda para a direita, identificador do tipo de cartão;*
>
> *III – fita adesiva: fita para fixar a etiqueta em braile de dados no cartão;*

IV – porta-cartão: objeto para armazenar o cartão e possibilitar ao portador acesso às informações necessárias ao pleno uso do cartão, com identificação, em braille, do número completo do cartão, do tipo de cartão, da bandeira, do nome do emissor, da data de validade, do código de segurança e do nome do portador do cartão.

Parágrafo único. O porta-cartão de que trata o inciso IV do caput *deste artigo deverá possuir tamanho suficiente para que constem todas as informações descritas no referido inciso e deverá ser conveniente ao transporte pela pessoa com deficiência visual.*

25. DO DIREITO À PARTICIPAÇÃO NA VIDA PÚBLICA E POLÍTICA

A democracia é definida no dicionário como sendo o governo em que o povo exerce a soberania. Para Abraham Lincoln a democracia é o governo do povo, pelo povo, para o povo. Ela é o regime de governo adotado pela nossa Constituição Federal, expressa no seu próprio preâmbulo:

"Nós, representantes do povo brasileiro, reunidos em Assembleia Nacional Constituinte para instituir um Estado Democrático, destinado a assegurar o exercício dos direitos sociais e individuais, a liberdade, a segurança, o bem-estar, o desenvolvimento, a igualdade e a justiça como valores supremos de uma sociedade fraterna, pluralista e sem preconceitos, fundada na harmonia social e comprometida, na ordem interna e internacional, com a solução pacífica das controvérsias, promulgamos, sob a proteção de Deus, a seguinte CONSTITUIÇÃO DA REPÚBLICA FEDERATIVA DO BRASIL".

Ainda, segundo Rui Barbosa a pior democracia é preferível à melhor das ditaduras.

Deste modo, a democracia tem como corolário a participação do povo na vida pública e política, e isso inclui as pessoas com deficiência.

O artigo 76 da Lei nº 13.146/2015 prevê que o poder público deve garantir à pessoa com deficiência todos os direitos políticos e a oportunidade de exercê-los em igualdade de condições com as demais pessoas.

Sendo assegurada a ela o direito de votar e de ser votada, e para que isso possa ocorrer são trazidos alguns requisitos nos incisos do § 1º, sendo eles:

I – garantia de que os procedimentos, as instalações, os materiais e os equipamentos para votação sejam apropriados, acessíveis a todas as pessoas e de fácil compreensão e uso, sendo vedada a instalação de seções eleitorais exclusivas para a pessoa com deficiência;

II – incentivo à pessoa com deficiência a candidatar-se e a desempenhar quaisquer funções públicas em todos os níveis de governo, inclusive por meio do uso de novas tecnologias assistivas, quando apropriado;

III – garantia de que os pronunciamentos oficiais, a propaganda eleitoral obrigatória e os debates transmitidos pelas emissoras de televisão possuam, pelo menos, os recursos elencados no art. 67 desta Lei;

IV – garantia do livre exercício do direito ao voto e, para tanto, sempre que necessário e a seu pedido, permissão para que a pessoa com deficiência seja auxiliada na votação por pessoa de sua escolha.

Por sua vez o § 2º com a finalidade de assegurar a gestão participativa, determina que o poder público promoverá a participação da pessoa com deficiência, inclusive quando institucionalizada, na condução das questões públicas, sem discriminação e em igualdade de oportunidades, observado o seguinte:

I – participação em organizações não governamentais relacionadas à vida pública e à política do País e em atividades e administração de partidos políticos;

II – formação de organizações para representar a pessoa com deficiência em todos os níveis;

III – participação da pessoa com deficiência em organizações que a representem.

A Lei nº 13.146/2015 em seu artigo 96, altera o Código eleitoral (Lei nº 4.737/1965) para determinar que os Tribunais Regionais Eleitorais deverão, a cada eleição, expedir instruções aos Juízes Eleitorais para orientá-los na escolha dos locais de votação, de maneira a garantir acessibilidade para o eleitor com deficiência ou com mobilidade reduzida, inclusive em seu entorno e nos sistemas de transporte que lhe dão acesso.

Vide decisão do Superior Tribunal de Justiça:

AGRAVO INTERNO NO RECURSO ESPECIAL Nº 1.563.459 – SE (2015/0275665-9)

RELATOR: MINISTRO FRANCISCO FALCÃO

EMENTA

ADMINISTRATIVO. DIREITO DAS PESSOAS PORTADORAS DE NECESSIDADES ESPECIAIS. PRÉDIOS DAS SEÇÕES ELEITORAIS. ACESSIBILIDADE PARA PESSOAS PORTADORAS DE NECESSIDADES ESPECIAIS. COMPETÊNCIA DA JUSTIÇA FEDERAL.

I – Sentença que extingui o processo diante da ausência de interesse processual. A decisão foi modificada pelo Tribunal a quo, declarando a presença de interesse e determinando o prosseguimento do feito perante a Justiça Federal.

II – Irrefutável a legitimidade do Ministério Público Federal para promover a demanda. A garantia de acesso a prédios públicos ou privados, indicados como Seções Eleitorais, aos portadores de necessidades especiais, atinge número infindável de pessoas, de forma indistinta, e gera, portanto, indiscutivelmente, interesse de natureza difusa, e não individual e disponível, havendo assim interesse processual do Ministério Público Federal.

III – A Justiça Eleitoral, órgão do Poder Judiciário brasileiro (art. 92, V, da CF), tem seu âmbito de atuação delimitado pelo conteúdo constante no art. 14 da CF e na legislação específica.

Direito das Pessoas com Deficiência | 177

IV – As atividades reservadas à Justiça Eleitoral aprisionam-se ao processo eleitoral, principiando com a inscrição dos eleitores, seguindo-se o registro dos candidatos, eleição, apuração e diplomação, ato que esgota a competência especializada (art. 14, parágrafo 10, CF) (CC 10.903/RJ), (CC 113.433/AL, Rel. Ministro Arnaldo Esteves Lima, Primeira Seção, julgado em 24/8/2011, DJe 19/12/2011).

V – No caso, sobressai a incompetência da justiça eleitoral, uma vez que não estão em discussão, na referida ação civil pública, direitos políticos, inelegibilidade, sufrágio, partidos políticos, nem infração às normas eleitorais e respectivas regulamentações, isto é, toda matéria concernente ao próprio processo eleitoral. Trata-se, sim, da garantia de acesso a pessoas portadoras de necessidade especiais aos prédios onde colhidos os votos.

VI – Assim, devem ser remetidos os autos ao juízo de origem, para o regular processamento do feito perante a Justiça Federal.

VII – Agravo interno improvido.

26. DA CIÊNCIA E TECNOLOGIA

A ciência e tecnologia são ramos do conhecimento que nos permitem evoluir cada vez mais como sociedade. Basta pensarmos o quanto estamos evoluindo nos últimos anos. Por muito tempo se acreditava que a terra era plana e um formato quadrado, ou que a terra era o centro do universo, conforme a ciência foi avançado, esses pensamentos passaram a ser errados, ainda, nos primórdios, para se comunicar com uma pessoa precisávamos ir até ela, ou enviar um pombo correio, aí veio o telégrafo, o telefone, o e-mail. Atualmente nos comunicamos instantaneamente, através de computadores que levamos em nossos bolsos e que, muitas vezes, cabem na palma da nossa mão.

Perceba que a ciência e tecnologia não são imutáveis, a cada dia surge uma nova teoria, uma nova técnica, um novo conhecimento, um novo produto ou serviço. Estes avanços também podem e beneficiam as pessoas com deficiência, às vezes por aplicação extensiva, às vezes pelas inovações nos produtos, serviço, técnicas e conhecimentos aplicáveis especificamente às pessoas com deficiência.

Com o intuito de possibilitar que esta inovação traga benefícios às pessoas com deficiência, o artigo 77 da Lei nº 13.146/2015 determina que o poder público deve fomentar o desenvolvimento científico, a pesquisa, a inovação e a capacitação tecnológicas, voltados à melhoria da qualidade de vida e ao trabalho da pessoa com deficiência e sua inclusão social.

Seus parágrafos regulamentam referido dispositivo dispondo que:

§ 1º O fomento pelo poder público deve priorizar a geração de conhecimentos e técnicas que visem à prevenção e ao tratamento de deficiências e ao desenvolvimento de tecnologias assistiva e social.

§ 2º A acessibilidade e as tecnologias assistiva e social devem ser fomentadas mediante a criação de cursos de pós-graduação, a formação de recursos humanos e a inclusão do tema nas diretrizes de áreas do conhecimento.

§ 3º Deve ser fomentada a capacitação tecnológica de instituições públicas e privadas para o desenvolvimento de tecnologias assistiva e social que sejam voltadas para melhoria da funcionalidade e da participação social da pessoa com deficiência.

§ 4º As medidas previstas neste artigo devem ser reavaliadas periodicamente pelo poder público, com vistas ao seu aperfeiçoamento.

O acesso da pessoa com deficiência às tecnologias da informação e comunicação e às tecnologias sociais também é objeto de preocupação pela Lei nº 13.146/2015, que determina o estímulo da pesquisa, o desenvolvimento, a inovação e difusão de tecnologias que possam promover referido acesso, inteligência do artigo 78 da citada lei.

Devem ser estimulados, especialmente:

I – o emprego de tecnologias da informação e comunicação como instrumento de superação de limitações funcionais e de barreiras à comunicação, à informação, à educação e ao entretenimento da pessoa com deficiência;

II – a adoção de soluções e a difusão de normas que visem a ampliar a acessibilidade da pessoa com deficiência à computação e aos sítios da internet, em especial aos serviços de governo eletrônico.

27. DO ACESSO À JUSTIÇA

Charles-Louis de Secondat, conhecido como Montesquieu, fora um grande pensador e filósofo, ele criou a chamada teoria da separação de poderes, para ele, caso façamos a concentração do poder em uma única pessoa, a tendência é que ocorram abusos. Afinal, teríamos uma pessoa, determinando as leis, as mesmas pessoas administrando os recursos e elas próprias julgando.

Desta feita, separando as funções de poder em três, teremos: o Legislativo fazendo as leis, o Executivo administrando os recursos e serviços públicos e o Judiciário julgando o descumprimento das leis e normas e demais litígios, cada função sendo exercida por pessoas diferentes, sem excluir a aplicação da teoria dos freios e contrapesos e do exercício de atividades típicas de outra função de poder, de maneira atípica pelo outro poder.

A função do Judiciário é de extrema importância, pois através dele, é possível aproximar-se mais da justiça sendo aplicada ao caso concreto, ou ainda, em situações excepcionais e abstratas, como é o caso da Ação Direta de Inconstitucionalidade.

A Constituição Federal em seu artigo 5º, XXXV, garante, como um direito fundamental do cidadão, o acesso ao Poder Judiciário em caso de lesão ou ameaça a direito. Destarte, o acesso ao Poder Judiciário também deve ser facilitado em relação às pessoas com deficiência. Situação elucidada no artigo 79 da Lei nº

13.146/2015 em seu artigo 79, o qual determina que o poder público deve assegurar o acesso da pessoa com deficiência à justiça, em igualdade de oportunidades com as demais pessoas, garantindo, sempre que requeridos, adaptações e recursos de tecnologia assistiva.

A pessoa com deficiência para ter garantido seu acesso à justiça pode pleitear adaptações e recursos de tecnologia assistiva.

Para que haja o acesso aos serviços oferecidos pelo Poder Judiciário e órgãos auxiliares o § 1º do mesmo artigo determina que haja a capacitação dos membros e servidores do Poder Judiciário, do Ministério Público, da Defensoria Pública, dos órgãos de segurança pública e no sistema penitenciário em relação aos direitos da pessoa com deficiência. Situação que já se coloca em prática, ao observarmos que atualmente existe a Resolução CNJ nº 401/2021. Além de serem capacitados, atualmente existe uma tendência, até pela aplicação da revogada resolução CNJ nº 230/2019 e da obrigação assumida pela República Federativa do Brasil na Convenção Internacional da pessoa com Deficiência em disseminar os conteúdos relacionados aos direitos delas, de ser cobrado o conhecimento sobre ditos direitos no conteúdo programático dos editais de referidas provas de concursos públicos.

Nas hipóteses em que a pessoa com deficiência estiver submetida a medida restritiva de liberdade, ou seja, esteja presa, seja definitivamente na reclusão ou detenção, ou ainda, provisoriamente ou preventivamente deve ser assegurado a ela todos os direitos e garantias aplicáveis aos demais presos sem deficiência.

Embora o Estatuto da Pessoa com deficiência fale em apenados, referidos direitos devem também ser assegurados ao preso provisório e temporário, em razão da igualdade entre as pessoas, e para que isto seja garantido deve ser provida a acessibilidade.

Com relação à defesa dos direitos das pessoas com deficiência o artigo 7º da Lei nº 13.146/2015 determina que é dever de todos comunicar à autoridade competente qualquer forma de ameaça ou de violação aos direitos da pessoa com deficiência, já o § 3º do artigo 79 dispõe que a Defensoria Pública e o Ministério Público tomarão as medidas necessárias à garantia dos direitos previstos nesta Lei. Sendo assim, qualquer um possui o dever de comunicar a autoridade a autoridade competente violações à Lei Brasileira de Inclusão, por sua vez, a Defensoria e o Ministério Público cientes de referidas violações atuarão com as medidas necessárias para responsabilização e cessação das violações ou ameaças.

A Constituição Federal garante o acesso de todos ao Poder Judiciário, e nem mesmo a lei poderá cercear referido direito, ainda, para que o processo atenda uma de suas principais finalidades, a de aplicar a justiça ao concreto, o magistrado precisa formar seu convencimento sobre os fatos que realmente aconteceram, para elucidar os fatos e demonstrar a verdade para o julgador, o processo judicial possui diversos mecanismos que permitem o contraditório e a ampla defesa, caso no processo haja a participação de uma pessoa com deficiência, não importando se atua como parte, testemunha, partícipe da lide, advogado, defensor público, magistrado ou membro do Ministério Público deve ser garantida a acessibilidade, devendo ser oferecido os recursos de tecnologia assistiva disponíveis, de acordo com o artigo 80 do Estatuto da Pessoa com Deficiência.

Tendo em vista o disposto no artigo 83 do citado diploma legal, os cartórios extrajudiciais, através dos serviços notariais e de registro devem oferecer seus serviços em condições de igualdade com as demais pessoas, havendo a vedação da negativa, criação de obstáculos ou condições diferenciadas para prestar seus serviços em razão de deficiência do usuário, ainda, conforme já visto, deve ser reconhecida a plena capacidade dela. Devendo ser oferecida a acessibilidade.

O descumprimento por parte dos serviços notariais e de registro constitui discriminação em razão da deficiência, que pode ser considerada crime, conforme veremos adiante.

28. DOS CRIMES E DAS INFRAÇÕES ADMINISTRATIVAS

A Lei nº 13.146/2015 tipifica algumas condutas como crimes, iremos discorrer abaixo sobre os crimes trazidos pela citada lei.

O art. 88 da lei determina:

> *Praticar, induzir ou incitar discriminação de pessoa em razão de sua deficiência:*
>
> *Pena – reclusão, de 1 (um) a 3 (três) anos, e multa.*
>
> *§ 1º Aumenta-se a pena em 1/3 (um terço) se a vítima encontrar-se sob cuidado e responsabilidade do agente.*
>
> *§ 2º Se qualquer dos crimes previstos no* caput *deste artigo é cometido por intermédio de meios de comunicação social ou de publicação de qualquer natureza:*
>
> *Pena – reclusão, de 2 (dois) a 5 (cinco) anos, e multa.*
>
> *§ 3º Na hipótese do § 2º deste artigo, o juiz poderá determinar, ouvido o Ministério Público ou a pedido deste, ainda antes do inquérito policial, sob pena de desobediência:*
>
> *I – recolhimento ou busca e apreensão dos exemplares do material discriminatório;*
>
> *II – interdição das respectivas mensagens ou páginas de informação na internet.*
>
> *§ 4º Na hipótese do § 2º deste artigo, constitui efeito da condenação, após o trânsito em julgado da decisão, a destruição do material apreendido.*

A própria lei define em seu artigo 4º, § 1º o que vem a ser a discriminação em razão da deficiência:

"Considera-se discriminação em razão da deficiência toda forma de distinção, restrição ou exclusão, por ação ou omissão, que tenha o propósito ou o efeito de prejudicar, impedir ou anu-

Direito das Pessoas com Deficiência | 183

lar o reconhecimento ou o exercício dos direitos e das liberdades fundamentais de pessoa com deficiência, incluindo a recusa de adaptações razoáveis e de fornecimento de tecnologias assistivas".

A lei não prevê a modalidade culposa, sendo então necessário o dolo para caracterização da conduta.

Além disso, embora em alguns casos se exija uma condição diferenciada do agente, como no caso da discriminação praticada no caso do oferecimento de serviços em condições diferenciadas pelos serviços notariais e de registro, a conduta criminosa não se restringe somente a eles, podendo ser praticada por qualquer sujeito, possuindo causas de aumentos de pena ou penas superiores a depender de como ocorreu a discriminação, e neste caso se exigirá uma condição especial do agente que é ter a vítima sob seus cuidados e responsabilidade.

O bem jurídico tutelado, de maneira *sui generis* é a igualdade entre as pessoas.

O artigo 89 da mesma lei define como crime:

> *Apropriar-se de ou desviar bens, proventos, pensão, benefícios, remuneração ou qualquer outro rendimento de pessoa com deficiência:*
>
> *Pena – reclusão, de 1 (um) a 4 (quatro) anos, e multa.*
>
> *Parágrafo único. Aumenta-se a pena em 1/3 (um terço) se o crime é cometido:*
>
> *I – por tutor, curador, síndico, liquidatário, inventariante, testamenteiro ou depositário judicial; ou*
>
> *II – por aquele que se apropriou em razão de ofício ou de profissão.*

A lei não prevê a modalidade culposa, sendo então necessário o dolo para caracterização da conduta.

Pode ser praticado por qualquer sujeito, caso não configure crime mais grave, possuindo causas de aumentos de pena caso seja cometido por tutor, curador, síndico, liquidatário, inventariante, testamenteiro, depositário judicial ou por quem se apropriou em razão de ofício ou de profissão, e neste se exigirá uma condição especial do agente.

O bem jurídico tutelado, de maneira *sui generis* é o patrimônio da pessoa com deficiência.

Por sua vez o artigo 90 define como crime:

> *Abandonar pessoa com deficiência em hospitais, casas de saúde, entidades de abrigamento ou congêneres:*
>
> *Pena – reclusão, de 6 (seis) meses a 3 (três) anos, e multa.*
>
> *Parágrafo único. Na mesma pena incorre quem não prover as necessidades básicas de pessoa com deficiência quando obrigado por lei ou mandado.*

A utilização de hospitais, casas de saúde, entidade de abrigamento ou congêneres, como asilos por exemplo, por si só não configura e não poderia configurar crime. Afinal, quando atingidos por enfermidades, por vezes necessitaram da utilização de um hospital para preservar seu direito à vida e a saúde, bem como a utilização de entidades de abrigamento, como as residências inclusivas que são destinadas a pessoas que possuem vínculos familiares fragilizados ou rompidos e não possuem condições de autossustentabilidade.

Assim, também deve ser o entendimento em relação aos denominados asilos, muitas pessoas acreditam erroneamente que por simplesmente utilizar destes serviços para um idoso que isso seria um absurdo, contudo, a verdade é que nem sempre é possível por parte da família os cuidados assistenciais 24 horas por dia. Imagine uma pessoa com deficiência idosa, que necessita de uma enfermeira 24 horas por dia, fisioterapeuta, nutricionista, cozinheiro, entre outros serviços. Agora imagine que esta pessoa idosa com deficiência possua como família apenas dois filhos, um residindo no exterior e outro que trabalha se deslocando perio-

Direito das Pessoas com Deficiência | 185

dicamente pelo território nacional, muitas vezes, estas entidades acabarão sendo a melhor alternativa para que esta pessoa com deficiência idosa tenha seus direitos à saúde e à vida preservados.

O crime consiste, na verdade no abandono da pessoa com deficiência em referidos lugares. Estes locais não podem e não devem ser vistos como depósitos de pessoas malquistas, sendo assim, a ausência de visitação por um longo período de tempo em conjunto com a ausência de acompanhamento da situação clínica e dos boletins e relatórios médicos, e principalmente a não obediência a convocação para repasses de informações e retirada por alta do paciente ou impossibilidades de cuidados por estas entidades, de maneira injustificada é que podem configurar o crime.

A lei não prevê a modalidade culposa, sendo então necessário o dolo para caracterização da conduta.

O sujeito ativo é aquele que tenha o dever de cuidados assistenciais, como exemplo filhos, pais, ou a quem a lei ou o Poder Judiciário determinar referidos cuidados e assistência.

O bem jurídico tutelado, de maneira *sui generis* é a liberdade e a convivência familiar e comunitária.

O art. 91 da lei criminaliza a seguinte conduta:

> *Reter ou utilizar cartão magnético, qualquer meio eletrônico ou documento de pessoa com deficiência destinados ao recebimento de benefícios, proventos, pensões ou remuneração ou à realização de operações financeiras, com o fim de obter vantagem indevida para si ou para outrem:*
>
> *Pena – detenção, de 6 (seis) meses a 2 (dois) anos, e multa.*
>
> *Parágrafo único. Aumenta-se a pena em 1/3 (um terço) se o crime é cometido por tutor ou curador.*

A conduta criminosa consiste na retenção do cartão magnético, ou qualquer meio eletrônico, como por exemplo, um celular que contenha um aplicativo bancário para movimentação financeira, ou até mesmo a retenção de documento de pessoa com deficiência. O objeto ou documento deve possibilitar recebimentos de benefícios, proventos, pensões ou remuneração ou à realização de operações financeiras. Importante salientar que esta retenção deverá ocorrer com a intenção de se obter vantagem indevida para si ou para outra pessoa.

Sendo assim, uma pessoa com deficiência mental que não tenha o correto discernimento para administração de seu próprio patrimônio e que um tutor ou curador, e este por sua vez retenha referidos objetos e documentos, mas não para obter vantagem, mas para preservar o patrimônio da pessoa com deficiência, não restará configurado o crime, uma vez que sua intenção é preservar o patrimônio da pessoa com deficiência e não o dilapidar.

A lei não prevê a modalidade culposa, sendo então necessário o dolo para caracterização da conduta.

O sujeito ativo é qualquer pessoa, exigindo-se no caso da incidência da causa de aumento de pena uma condição especial do agente.

O bem jurídico tutelado, de maneira *sui generis* é patrimônio da pessoa com deficiência.

A Lei 7.853/1989 também tipifica alguns crimes cometidos em face da pessoa com deficiência, segundo seu artigo 8º:

Constitui crime punível com reclusão de 2 (dois) a 5 (cinco) anos e multa:

I – recusar, cobrar valores adicionais, suspender, procrastinar, cancelar ou fazer cessar inscrição de aluno em estabelecimento de ensino de qualquer curso ou grau, público ou privado, em razão de sua deficiência;

A lei não prevê a modalidade culposa, sendo então necessário o dolo para caracterização da conduta.

Exige-se do sujeito ativo uma condição diferenciada, a de funcionário de instituição de ensino, normalmente atrelada ao cargo de diretor ou equivalente, pois normalmente será a pessoa responsável pela política de preços e procedimentos na instituição, mas é claro que se referidos procedimentos tipificados como crime não constarem da política da instituição e forem adotados deliberadamente por qualquer funcionário, como exemplo um funcionário que procrastina, cancela ou dificulta a inscrição, sem a participação e/ou ciência do diretor ou equivalente, a responsabilização criminal deve ser recair sobre aquele deu causa à situação.

O bem jurídico tutelado, de maneira *sui generis* é acesso à educação.

II – obstar inscrição em concurso público ou acesso de alguém a qualquer cargo ou emprego público, em razão de sua deficiência;

A lei não prevê a modalidade culposa, sendo então necessário o dolo para caracterização da conduta.

Exige-se do sujeito ativo uma condição diferenciada, pois para realizar um concurso público, quando não realizado diretamente pelo poder público, as empresas responsáveis, sujeitam-se à processo licitatório, mesmo que dispensados. Ainda, o acesso ao cargo após a aprovação no concurso público depende de portaria de nomeação e assinatura do respectivo termo de posse, desta maneira, o sujeito ativo deve possuir a qualidade de agente público, mesmo que não esteja investido de maneira permanente e estável no cargo, a responsabilização criminal deve recair sobre aquele deu causa à situação.

O bem jurídico tutelado, de maneira *sui generis* é acesso ao trabalho e a participação na vida pública.

III – negar ou obstar emprego, trabalho ou promoção à pessoa em razão de sua deficiência;

A lei não prevê a modalidade culposa, sendo então necessário o dolo para caracterização da conduta.

Exige-se do sujeito ativo uma condição especial, normalmente a qualidade de empregador e/ou recrutador será a mais comum, contudo não podemos olvidar que algumas condutas, em minha visão, não se enquadram diretamente neste tipo penal, mas podem vir a ser caracterizadoras de outros tipos, como por exemplo, um segurança que não faz parte do quadro de seleção admissional, mas que não permite a entrada de uma pessoa com deficiência dentro de um determinado prédio no qual seria realizado o processo seletivo, poderá responder pela discriminação em razão da deficiência.

A responsabilização criminal deve recair sobre aquele deu causa à situação.

O bem jurídico tutelado, de maneira *sui generis* é acesso ao trabalho e ascensão na carreira.

IV – recusar, retardar ou dificultar internação ou deixar de prestar assistência médico-hospitalar e ambulatorial à pessoa com deficiência;

A lei não prevê a modalidade culposa, sendo então necessário o dolo para caracterização da conduta.

Exige-se do sujeito ativo uma condição especial, a de funcionário da instituição de prestação de assistência médica hospitalar.

A responsabilização criminal deve recair sobre aquele deu causa à situação.

O bem jurídico tutelado, de maneira *sui generis* é o direito à saúde.

V – deixar de cumprir, retardar ou frustrar execução de ordem judicial expedida na ação civil a que alude esta Lei;

A lei não prevê a modalidade culposa, sendo então necessário o dolo para caracterização da conduta.

Não se exige do sujeito ativo uma condição especial, podendo ser praticado por qualquer pessoa.

Direito das Pessoas com Deficiência | 189

A responsabilização criminal deve recair sobre aquele deu causa à situação.

O bem jurídico tutelado, de maneira *sui generis* é o direito a igualdade e a proteção aos direitos da pessoa com deficiência.

VI – recusar, retardar ou omitir dados técnicos indispensáveis à propositura da ação civil pública objeto desta Lei, quando requisitados.

A lei não prevê a modalidade culposa, sendo então necessário o dolo para caracterização da conduta.

Exige-se do sujeito ativo uma condição especial, podendo ser praticado por aquele a quem compete fornecer as informações requisitadas. Deste modo, a condição especial é que seja requisitado a prestar informações.

A responsabilização criminal deve recair sobre aquele deu causa à situação.

O bem jurídico tutelado, de maneira *sui generis* é o direito a igualdade e a proteção aos direitos da pessoa com deficiência.

Ainda, os parágrafos do artigo preveem:

§ 1º Se o crime for praticado contra pessoa com deficiência menor de 18 (dezoito) anos, a pena é agravada em 1/3 (um terço).

§ 2º A pena pela adoção deliberada de critérios subjetivos para indeferimento de inscrição, de aprovação e de cumprimento de estágio probatório em concursos públicos não exclui a responsabilidade patrimonial pessoal do administrador público pelos danos causados.

§ 3º Incorre nas mesmas penas quem impede ou dificulta o ingresso de pessoa com deficiência em planos privados de assistência à saúde, inclusive com cobrança de valores diferenciados.

§ 4º Se o crime for praticado em atendimento de urgência e emergência, a pena é agravada em 1/3 (um terço).

29. ANEXO LEI 13.146/2015:

30. ANEXO LEI 10.048/2015:

31. ANEXO LEI 10.098/2015:

32. ANEXO LEI 7.853/1989:

33. ANEXO DECRETO 3.298/1999:

34. ANEXO DECRETO 5.296/2004:

35. REFERÊNCIAS BIBLIOGRÁFICAS

RIBEIRO, Lauro Luiz Gomes. *Manual dos Direitos da Pessoa com Deficiência*. 1ª edição. São Paulo – SP, Editora Verbatim, 2010.

FERRAZ, Carolina Valença e coautores. *Manual dos Direitos da Pessoa com Deficiência*. Fechamento da edição 30-3-2012. São Paulo. Saraiva, 2012.

MUZY, Gustavo. *Direito Constitucional Decifrado*. 1ª edição. Cascavel – PR: Alfacon, 2021.

FARIAS, Cristiano Chaves de e coautores. *Estatuto da Pessoa com Deficiência Comentado*. 3ª edição. Salvador – BA, Editora Jus Podivm, 2018.

ALEXANDRINO, Marcelo; Paulo VICENTE. *Direito Constitucional Descomplicado*. São Paulo, 2019.

MORAES, *Alexandre de. Direitos humanos fundamentais.* 2ª edição. São Paulo. Atlas. 1998.

BARROSO, Luís Roberto. *Curso de Direito Constitucional Contemporâneo*. 2ª edição. São Paulo, 2010.

BOBBIO, Norberto. *Igualdade e liberdade*. Tradução Carlos Nelson Coutinho. 4ª edição. Rio de Janeiro. Ediouro, 2000.

AMOR PAN, José Ramón. *Afetividades e sexualidade na pessoa portadora de deficiência mental*. São Paulo. Loyola. 2003.

HANASHIRO, Olaya Sílvia Machado Portella. *O sistema interamericano de proteção dos direitos humanos*. São Paulo. Edusp. 2001.